Stundenblätter

Kurzprosa von 1945 – 2010

Wolfgang Pasche

Ernst Klett Verlag
Stuttgart · Leipzig

Die Reihe **Stundenblätter** ist konzeptionell überarbeitet und den aktuellen Anforderungen an Ihre Unterrichtsvorbereitung angepasst worden. Sie bietet Ihnen zu ausgewählten Abiturlektüren ein komplettes Unterrichtsmodell, gegliedert in praktikable thematische Module.

Eingangs finden Sie **zwei Vorschläge für Ihre Unterrichtsgestaltung:** Die erste Übersicht zeigt einen maximalen Durchgang durch das Thema, die zweite Übersicht den verkürzten Durchgang, wenn die Zeit knapp ist. Die Kopiervorlagen sind auch einzeln unabhängig voneinander einsetzbar.

Drei Kapitel bieten alles Nötige für das Gelingen Ihres Unterrichts.

1. Die **Kopiervorlagen** im ersten Teil sind sofort im Unterricht einsetzbar.

Mithilfe der Kopiervorlagen lässt sich der literarische Text vollständig und kompetenzorientiert erschließen. Den Schwerpunkt bilden Texte, die zwischen 1945 und 2010 entstanden sind. Um den Schülerinnen und Schülern über Differenzerfahrungen zentrale Merkmale von Kurzprosa nahezubringen, wird in den Kopiervorlagen zur Gattungsgeschichte auch auf historische Beispiele zurückgegriffen.

Die Kopfzeile der Arbeitsblätter dient der schnellen Orientierung. Sie gibt das Thema des Moduls an und zeigt, ob die Kopiervorlage für den Unterrichtsgang notwendig ist (obligatorisch) oder der Ausweitung und Vertiefung dient (fakultativ).

Den Abschluss bilden **zwei Klausurvorschläge**. Die erste Klausur ist als Übungsklausur für Ihre Schülerinnen und Schüler gedacht, anhand derer diese gegebenenfalls noch einmal für den Ernstfall trainieren können. Für Sie als Lehrkraft gibt es einen Klausurvorschlag mit Bewertungsraster.

Auf www.klett.de können Sie nach der Eingabe des Online-Codes **9ky3bh** in das Suchfenster alle Kopiervorlagen als veränderbare Word-Vorlagen herunterladen. So haben Sie die Möglichkeit, die Arbeitsblätter aus diesem Heft zu kopieren oder auch die Word-Vorlage individuell den Bedürfnissen Ihrer Lerngruppe anzupassen.

2. Der zweite Teil **Analyse und Interpretation** stellt zusammenfassend die Entwicklung und die zentralen Merkmale der Gattung dar und liefert Ihnen weiterführende Denkanstöße.

3. **Kommentare und Lösungen** finden Sie im dritten Teil.

Zu allen Modulen werden Intention, Zielvorstellungen und Kompetenzerwartungen, Zeitbedarf sowie Hinweise zum Unterrichtsverlauf übersichtlich dargestellt.

Daran schließen sich ausführliche Lösungen und Erwartungshorizonte zu jeder Kopiervorlage an, sodass die Arbeitsergebnisse der Schülerinnen und Schüler leicht überprüfbar werden.

Wir wünschen Ihnen viel Erfolg in Ihrem Unterricht!

Inhalt

Inhalt

Modul	Thema	Material	Ziele und Kompetenzen	Sozialform	Zeitbedarf
Einführung in die Analyse von Kurzprosatexten					
I	**Kurzprosa kennenlernen**	KV 1: Erste Eindrücke zu einer Kurzgeschichte formulieren	– zielgerichtet Informationen aus Texten entnehmen – sich mit einem Text produktiv auseinandersetzen	EA/PA/GA/UG	1 Doppelstunde
		KV 2: Sich mit Aspekten menschlicher Kommunikation auseinandersetzen	– das Vier-Seiten-Kommunikationsmodell von Schulz von Thun anwenden	EA/PA/UG	1 Stunde
		KV 3: Ein Kommunikationsmodell für die Interpretation einer Kurzgeschichte nutzen	– literarische Figuren erschließen – Mutter-Tochter-Verhältnis mithilfe des Vier-Seiten-Kommunikationsmodells deuten	EA/PA/GA/UG	1 Stunde
		KV 4: Strukturelle Merkmale von Kurzprosa kennenlernen	– strukturelle Merkmale von Kurzprosa in einem Text erkennen	EA/UG	1 Stunde
Unterschiedliche Genres von Kurzprosatexten					
II	**Merkmale der Fabel analysieren**	KV 5: Gattungsmerkmale der Fabel erschließen	– Vorkenntnisse zur Gattung Fabel vertiefen	EA/UG	1 Stunde
		KV 6: Die Wirkung einer modernen Fabel untersuchen	– zielgerichtet Informationen aus Texten entnehmen – Kenntnisse auf einen Text Franz Kafkas übertragen – die Problematik der Genrezuschreibungen erkennen – sich mit einem Text produktiv auseinandersetzen	EA/GA/UG	1 Doppelstunde
		KV 7: Die politischen Dimensionen moderner Fabeln analysieren	– Kenntnisse an einem Beispiel aus der zweiten Hälfte des 20. Jahrhunderts anwenden	EA/UG	1 Stunde
III	**Merkmale der Kalendergeschichte analysieren**	KV 8: Merkmale der Kalendergeschichte kennenlernen	– Vorkenntnisse über Struktur und Inhalt von Kalendergeschichten einbringen	EA/UG	1 Stunde
		KV 9: Den Aufbau einer historischen Kalendergeschichte nachvollziehen	– zielgerichtet Informationen aus Texten entnehmen	EA/PA/UG	1 Stunde
		KV 10: Moderne Kalendergeschichten mit ihrem historischen Vorbild vergleichen	– Interpretationskenntnisse auf thematisch verwandte Texte aus unterschiedlichen Zeiten übertragen – Zusammenhänge zwischen den Texten und ihrer Entstehungszeit reflektieren	EA/PA/UG	1 Stunde

Modul	Thema	Material	Ziele und Kompetenzen	Sozialform	Zeitbedarf
Unterschiedliche Genres von Kurzprosatexten					
IV	**Merkmale der Parabel analysieren**	KV 11: Merkmale der Parabel kennenlernen	- Vorkenntnisse über Struktur und Inhalt von Parabeln vertiefen	EA/UG	1 Stunde
		KV 12: Eine historisch gleichnishafte Parabel verstehen	- zielgerichtet Informationen aus Texten entnehmen - das politische Anliegen Herders erkennen, die Bildebene der Parabel strukturieren und die im Text angelegte Deutung hinterfragen	EA/PA/UG	1 Doppelstunde
		KV 13: Eine moderne gleichnishafte Parabel verstehen	- die Veränderung traditioneller Formen verstehen	EA/PA/UG	1 Stunde
		KV 14: Die surreale Welt einer modernen Parabel entdecken	- die Bedeutung psychologischer Prozesse für die Aussagen der Parabeln erkennen	EA/PA/GA/UG	1 Doppelstunde
		KV 15: Eine Interpretation einer modernen Parabel verfassen	- eine Parabel analysieren und interpretieren - mithilfe von Arbeitsschritten zum Verfassen eines Interpretationsaufsatzes die Ergebnisse schriftlich festhalten	EA/UG	1 Stunde
Aspekte der Interpretation von Kurzprosatexten					
V	**Nachkriegserfahrungen – Zeitumstände berücksichtigen**	KV 16: Die politische und gesellschaftliche Situation im Nachkriegsdeutschland erfassen	- die historische Situation der Jahre 1945/46 in Deutschland kennenlernen	EA/GA/UG	1 Stunde
		KV 17: Konsequenzen der Nachkriegserfahrungen für die Literatur untersuchen	- die starke Zeitbezogenheit der Literatur erkennen - inhaltliche und stilistische Merkmale von Texten aus dieser Zeit beschreiben - die sprachliche Reduktion der Autoren als Ergebnis einer Neubestimmung von Literatur erkennen	EA/PA/UG	1 Doppelstunde

Modul	Thema	Material	Ziele und Kompetenzen	Sozialform	Zeitbedarf
Aspekte der Interpretation von Kurzprosatexten					
VI	**Figuren charakterisieren**	KV 18: Figuren und ihre Beziehungen beschreiben	– Methoden der Figurencharakterisierung anwenden	EA/UG	1 Stunde
		KV 19: Eine Kurzgeschichte produktiv erschließen	– kreative Kompetenz mithilfe produktiver Verfahren entwickeln – selbstständig und eigenverantwortlich Interpretations- und Schreibkompetenz erarbeiten	EA/UG	1 Stunde
		KV 20: Figuren und ihre Beziehungen in einer Kurzgeschichte analysieren	– direkte und indirekte Charakterisierungen unterscheiden – wesentliche sprachliche und formale Darstellungsmittel auf ihre Funktion hin untersuchen – eine schriftliche Figurencharakterisierung verfassen	EA/GA/UG	1 Doppelstunde
VII	**Das Erzählverhalten untersuchen**	KV 21: Grundformen des Erzählverhaltens verstehen	– Vorkenntnisse über die Grundformen des Erzählverhaltens vertiefen	EA/UG	1 Stunde
		KV 22: Das Erzählverhalten untersuchen	– die Bedeutung der Wahl des Erzählverhaltens für die Interpretation von literarischen Texten erkennen	EA/GA/UG	1 Doppelstunde
		KV 23: Mit dem literarischen Wechselspiel des Erzählverhaltens/der Erzählperspektive umgehen	– die Erzählform, das Erzählverhalten/die Erzählperspektiven und ihre Wirkung analysieren und die Ergebnisse zum Schreiben einer eigenen Parallelgeschichten nutzen	EA/UG	1 Stunde
VIII	**Grundformen der Zeitgestaltung verstehen**	KV 24: Möglichkeiten der Zeitgestaltung erkennen	– Methoden der Zeitgestaltung in literarischen Texten bestimmen und anwenden	EA/UG	1 Stunde
		KV 25: Figurencharakterisierung, Erzählverhalten und Zeitgestaltung in einem Text deuten	– Zeitgestaltung mit dem Erzählverhalten und der Figurencharakterisierung verbinden und zu einer schlüssigen Deutung einer Kurzgeschichte zusammenfassen	EA/UG	1 Stunde

Modul	Thema	Material	Ziele und Kompetenzen	Sozialform	Zeitbedarf
Einführung in die Analyse von Kurzprosatexten					
I	**Kurzprosa kennenlernen**	KV 1: Erste Eindrücke zu einer Kurzgeschichte formulieren	- zielgerichtet Informationen aus Texten entnehmen - sich mit einem Text produktiv auseinandersetzen	EA/PA/GA/UG	1 Doppelstunde
		KV 4: Strukturelle Merkmale von Kurzprosa kennenlernen	- strukturelle Merkmale von Kurzprosa erkennen	EA/UG	1 Stunde
Unterschiedliche Genres von Kurzprosatexten					
II	**Merkmale der Fabel analysieren**	KV 5: Gattungsmerkmale der Fabel erschließen	- Vorkenntnisse zur Gattung Fabel vertiefen	EA/UG	1 Stunde
		KV 6: Die Wirkung einer modernen Fabel untersuchen	- zielgerichtet Informationen aus Texten entnehmen - Kenntnisse auf einen Text Franz Kafkas übertragen - die Problematik der Genrezuschreibungen erkennen - sich mit einem Text produktiv auseinandersetzen	EA/GA/UG	1 Doppelstunde
III	**Merkmale der Kalendergeschichte analysieren**	KV 8: Merkmale der Kalendergeschichte kennenlernen	- Vorkenntnisse über Struktur und Inhalt von Kalendergeschichten einbringen	EA/UG	1 Stunde
		KV 9: Den Aufbau einer historischen Kalendergeschichte nachvollziehen	- zielgerichtet Informationen aus Texten entnehmen	EA/PA/UG	1 Stunde
IV	**Merkmale der Parabel analysieren**	KV 11: Merkmale der Parabel kennenlernen	- Vorkenntnisse über Struktur und Inhalt von Parabeln vertiefen	EA/UG	1 Stunde
		KV 12: Eine historisch gleichnishafte Parabel verstehen	- zielgerichtet Informationen aus Texten entnehmen - das politische Anliegen Herders erkennen, die Bildebene der Parabel strukturieren und die im Text angelegte Deutung hinterfragen	EA/PA/UG	1 Doppelstunde
		KV 14: Die surreale Welt einer modernen Parabel entdecken	- die Bedeutung psychologischer Prozesse für die Aussagen der Parabeln erkennen	EA/PA/GA/UG	1 Doppelstunde

Modul	Thema	Material	Ziele und Kompetenzen	Sozialform	Zeitbedarf
Aspekte der Interpretation von Kurzprosatexten					
V	**Nachkriegs-erfahrungen – Zeitumstände berücksichtigen**	KV 16: Die politische und gesellschaftliche Situation im Nachkriegsdeutschland erfassen	– die historische Situation der Jahre 1945/46 in Deutschland kennenlernen	EA/GA/UG	1 Stunde
		KV 17: Konsequenzen der Nachkriegserfahrungen für die Literatur untersuchen	– die starke Zeitbezogenheit der Literatur erkennen – inhaltliche und stilistische Merkmale von Texten aus dieser Zeit beschreiben – die sprachliche Reduktion der Autoren als Ergebnis einer Neubestimmung von Literatur erkennen	EA/PA/UG	1 Doppel-stunde
VI	**Figuren charak-terisieren**	KV 18: Figuren und ihre Beziehungen beschreiben	– Methoden der Figuren-charakterisierung anwenden	EA/UG	1 Stunde
		KV 19: Eine Kurzgeschichte produktiv erschließen	– kreative Kompetenz mithilfe produktiver Verfahren entwickeln – selbstständig und eigenverant-wortlich Interpretations- und Schreibkompetenz erarbeiten	EA/UG	1 Stunde
		KV 20: Figuren und ihre Beziehungen in einer Kurz-geschichte analysieren	– direkte und indirekte Charakteri-sierungen unterscheiden – wesentliche sprachliche und formale Darstellungsmittel auf ihre Funktion hin untersuchen – eine schriftliche Figurencharak-terisierung verfassen	EA/GA/UG	1 Doppel-stunde
VII	**Das Erzähl-verhalten untersuchen**	KV 21: Grundformen des Erzählverhaltens verstehen	– Vorkenntnisse über die Grund-formen des Erzählverhaltens vertiefen	EA/UG	1 Stunde
		KV 23: Mit dem literarischen Wechselspiel des Erzählver-haltens/der Erzählperspektive umgehen	– die Erzählform, das Erzählver-halten/die Erzählperspektiven und ihre Wirkung analysieren und die Ergebnisse zum Schrei-ben einer eigenen Parallelge-schichten nutzen	EA/UG	1 Stunde
VIII	**Grundformen der Zeitgestal-tung verstehen**	KV 24: Möglichkeiten der Zeitgestaltung erkennen	– Methoden der Zeitgestaltung in literarischen Texten bestimmen und anwenden	EA/UG	1 Stunde
		KV 25: Figurencharakterisie-rung, Erzählverhalten und Zeitgestaltung in einem Text deuten	– Zeitgestaltung mit dem Erzähl-verhalten und der Figurencha-rakterisierung verbinden und zu einer schlüssigen Deutung einer Kurzgeschichte zusammen-fassen	EA/UG	1 Stunde

Erste Eindrücke zu einer Kurzgeschichte formulieren

Nadja Einzmann: An manchen Tagen (2001)

1 Erstellen Sie eine Mindmap, in der Sie Ihre Assoziationen zur Beziehung von Mutter und Tochter festhalten.

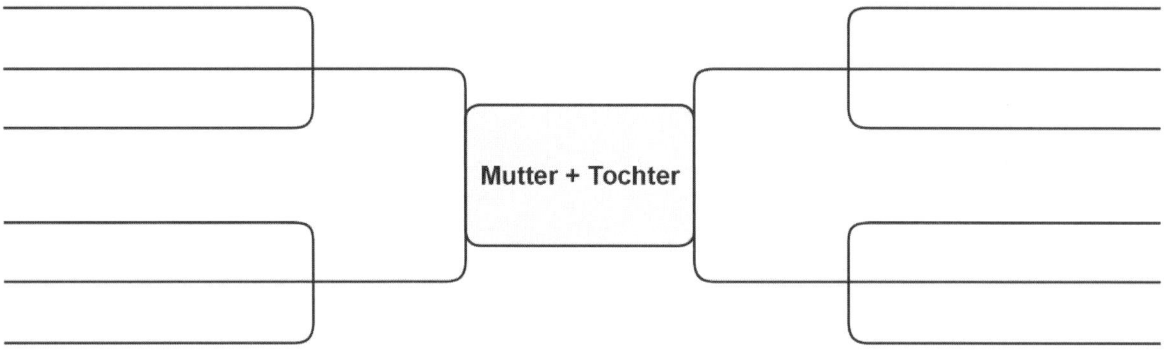

2 Hören Sie, wie ein Sprecher oder eine Sprecherin die Kurzgeschichte „An manchen Tagen" von Nadja Einzmann vorträgt. Vergleichen Sie, ob Ihre Assoziationen zum Verhältnis von Mutter und Tochter mit der Konstellation zusammenpassen, die Nadja Einzmann beschreibt.

Nadja Einzmann: An manchen Tagen (2001)

An manchen Tagen warte ich, dass etwas passiert. Auf einen Anruf; dass das Haus einstürzt; oder der Arzt mir sagt, dass ich nur noch wenige Wochen zu leben haben. Ich sitze im Bett und warte, und meine Mutter klopft an die Türe. Zu berichten hat sie nichts. Sei so gut, sagt sie, bring den Müll hinunter, oder: Wie wäre es mit einem Spaziergang, es ist ein wunderbarer Tag, sonnig, und die Spatzen pfeifen es von allen Dächern. Nein, rufe ich ihr zu, durch die geschlossene Tür, mir ist nicht danach, mir ist nicht nach Welt. Und ich sitze im Bett, der Himmel schaut blau durch mein Fenster oder umwölkt sich, oder ein Gewitter zieht auf. Mein Bett ist mein Schiff, mein Bett ist mein Floß, ich treibe dahin, Haie und andere Meerestiere unter mir und Sterne und Himmel über mir.

Was soll ich unternehmen mit dir, sagt meine Mutter, und stellt mir das Abendessen vor die Tür. Keines meiner Kinder, *keines* meiner Kinder, alle sind sie normal und gehen zur Arbeit, gehen morgens aus dem Haus und kehren abends zurück, nur du nicht. Was soll nur werden mit dir?

Es gab Zeiten, da ich anders war, solche Zeiten hat es gegeben. Ausgesprochen lebhaft war ich. Keine Aufgabe war sicher vor mir, und dann noch zum bloßen Zeitvertreib zeichnete ich und voltigierte und focht und tanzte die Nächte durch. Meine Geschwister sahen müde aus, wenn sie von der Arbeit kamen. Sie hatten sich das Weiß in ihren Augen blutig gesehen über den Tag, und auch ihre Hände waren wund und schmerzten. Mir sah man keine Mühen an. Ich schwebte über den Boden, wo andere gingen, und dass ich mich bückte, kam nur sehr selten vor. Ja, es hat Zeiten gegeben, da ich anders war, und ich trauere ihnen nicht nach. Packt eure Herzen in Alufolie, dass sie geschützt sind, wenn ihr aus dem Haus geht, und reicht sie nicht frei herum!

Es hat Zeiten gegeben, da ich anders war, und meine Mutter trauert ihnen nach. Kind, sagt sie, willst du nicht aufstehen, dass dein Vater mit dir fischen gehen kann und deine Geschwister dir berichten von ihrem Tag? Nein, sage ich, mir ist nicht nach Welt. In meinem Bett sitze ich, das mein Floß ist, und der Seegang ist hoch. Salziger Wind fährt mir durchs Haar und die Wellen überschlagen sich.

Quelle: Nadja Einzmann: An manchen Tagen. In: Dies.: Da kann ich nicht nein sagen. Geschichten von der Liebe. Frankfurt/M.: S. Fischer Verlag, 2001, S.41 f.

NAME:

DATUM/KURS:

3 Erarbeiten Sie zusammen mit einem Partner oder einer Partnerin stichwortartig Informationen über die Mutter und die Tochter (mit Zeilenangaben). Tragen Sie Ihre Ergebnisse in die Tabelle ein.

Mutter		Tochter
klopft an die Tür (Z.5)	 Quelle: *dreamstime.com (J-light), Brentwood, TN*	wartet auf Katastrophen: - das Haus stürzt ein (Z.2) - ihr Leben endet (Z.3)

4 Stellen Sie die Situation, in der die Mutter an die Tür ihrer Tochter klopft, in einem Standbild dar. Hinter jede Figur des Standbildes stellt sich eine zweite Person, die die Gedanken und Gefühle der Standbildfigur formuliert. Tauschen Sie sich über Ihre Beobachtungen aus.

NAME:

DATUM/KURS:

Sich mit Aspekten menschlicher Kommunikation auseinandersetzen

*Der deutsche Psychologe Friedemann Schulz von Thun (*1944) hat in seinem Kommunikationsmodell dargestellt, dass jede Nachricht auf vier Ebenen beleuchtet werden kann. Das Vier-Seiten-Modell, auch als „Vier-Ohren-Modell" bezeichnet, beinhaltet, dass jede Nachricht bzw. Äußerung vier Botschaften gleichzeitig enthält.*

Info

Kommunikationsmodell: Die vier Seiten einer Nachricht

Ein Sender codiert eine Nachricht, der Empfänger dekodiert die Nachricht und wird sie entsprechend der Sachinformationen, der Beziehung zum Sender, der Bereitschaft, auf seine Bedürfnisse bzw. auf seine Aufforderung einzugehen, unterschiedlich aufnehmen und darauf entsprechend antworten.

- **Sachinhalt:** Was ist der Inhalt der Nachricht: Daten, Fakten, Sachverhalte …?
- **Selbstoffenbarungsebene:** Was gibt der Sender von sich preis? Welche Informationen über die eigene Befindlichkeit, über Werte, Bedürfnisse, Gefühle werden in der Äußerung deutlich?
- **Beziehungsebene:** Wie stehen Sender und Empfänger zueinander? Welche emotionale Beziehung besteht zwischen den Gesprächspartnern?
- **Appellebene:** Was will der Sender mit seiner Äußerung erreichen? Welche Informationen werden über die Einflussabsicht des Senders deutlich?

1 Halten Sie die Informationen, die Sie dem Text entnehmen können, in einem Schaubild fest.

2 Formulieren Sie für folgendes Beispiel die vier Ebenen einer Nachricht, wie sie vom Sender und vom Empfänger wahrgenommen werden könnten. Tragen Sie Ihre Ergebnisse in die Tabelle ein.

A Äußerung des Beifahrers (Sender) während einer Autofahrt zum Fahrer (Empfänger): *„Du, da vorne ist grün!"*

	Sender	Empfänger
Sachinhalt		
Selbstoffenbarung		
Beziehung		
Appell		

3 Bestimmen Sie gemeinsam mit einem Partner oder einer Partnerin, welche Ebenen einer Äußerung in den folgenden Gesprächsbeispielen zu erkennen sind.

B Äußerung eines Vaters seinem Sohn gegenüber beim Abendessen: *„Es zieht."*
C Äußerung einer Mutter der Tochter gegenüber am Morgen: *„Ist das Bad jetzt frei?"*
D Äußerung eines jungen Mannes einem Mädchen gegenüber in einem halb vollen Café: *„Ist der Platz neben dir noch frei?"*

NAME:

DATUM/KURS:

Ein Kommunikationsmodell für die Interpretation einer Kurzgeschichte nutzen

1 Lesen Sie noch einmal Nadja Einzmanns Kurzgeschichte: „An manchen Tagen“ (S. 10). Vergegenwärtigen Sie sich die Ergebnisse, zu denen Sie in der Betrachtung des Verhältnisses von Mutter und Tochter gelangt sind.

2 Setzen Sie sich mit der Aussage der Tochter auseinander: „Mir ist nicht nach Welt“ (Z. 10, 41).
Wie könnte die Mutter darauf reagieren? Ergänzen Sie dazu das Schaubild zum Vier-Seiten-Modell von F. Schulz von Thun.

Die Information der Tochter:

	Sachaussage:	
Selbstoffenbarung:	„Mir ist nicht nach Welt.“ (Z. 10, 41)	Appell:
	Beziehung:	

Die Reaktionsmöglichkeiten der Mutter:

	Sachaussage:	
Selbstoffenbarung:	„Mir ist nicht nach Welt.“ (Z. 10, 41)	Appell:
	Beziehung:	

3 Diskutieren Sie, welche der folgenden Skizzen das Verhältnis zwischen Mutter und Tochter am besten veranschaulicht.

Tochter	→←	Mutter
Tochter	↘	Mutter
Tochter	↗	Mutter
Tochter	■■	Mutter

4 Gestalten Sie einen Dialog, in dem sich Mutter und Vater abends mit der Situation der Tochter auseinandersetzen. Versuchen Sie, zu einer Lösung zu gelangen.

NAME:

DATUM/KURS:

Strukturelle Merkmale von Kurzprosa kennenlernen

Nadja Einzmann: An manchen Tagen (2001)

Bei Kurzprosatexten lassen sich durch ihre spezifische Eigenart Querverbindungen zu allen Grundformen literarischen Schreibens ziehen: Mit der Lyrik teilen sie die sprachliche Verdichtung, mit dem Drama verbindet sie die Dialogstruktur, und sie stellen mit ihrer knappen Erzählweise den Prototyp der Prosa schlechthin dar.

1 Lesen Sie den Textauszug zur Charakterisierung traditioneller kurzer Prosaformen (vgl. die Klett-Edition „Vom Atem zum Stillstand. Kurzprosa von 1945–2010", S. 78 f.). Halten Sie die wichtigsten Merkmale von Kurzprosa in der linken Spalte der folgenden Tabelle fest.

2 Ergänzen Sie dann die Entsprechungen aus der Kurzgeschichte „An manchen Tagen" von Nadja Einzmann (vgl. KV 1, S. 10).

Merkmale von Kurzprosa	Entsprechungen in der Kurzgeschichte von Nadja Einzmann

NAME:

DATUM/KURS:

Gattungsmerkmale der Fabel erschließen

Martin Luther: Vom Raben und Fuchs

1 Lesen Sie den Textauszug von Kaspar H. Spinner zur Erzählform der Fabel (vgl. die Klett-Edition „Vom Atem zum Stillstand. Kurzprosa von 1945–2010“, S. 82).
Halten Sie die wichtigsten Kennzeichen einer Fabel zunächst in der linken Spalte der folgenden Tabelle fest. Unterscheiden Sie dabei zwischen inhaltlichen und formalen Merkmalen.

	Fabeln	Martin Luther: Vom Raben und Fuchs
Inhalt		
Form		

Martin Luther: Vom Raben und Fuchs

Ein Rabe hatte einen Käse gestohlen und setzte sich auf einen hohen Baum und wollte zehren. Da er aber seiner Art nach nicht schweigen kann, wenn er isst, hörte ihn ein Fuchs über dem Käse kecken und lief zu und sprach: „O Rabe, nun habe ich mein Lebtag keinen schöneren Vogel gesehen von Federn und Gestalt, denn du bist. Und wenn du auch so eine schöne Stimme hättest zu singen, so sollte man dich zum König krönen über alle Vögel.“

Den Raben kitzelte solch Lob und Schmeicheln, fing an und wollte seinen schönen Gesang hören lassen. Und als er den Schnabel auftat, entfiel ihm der Käse; den nahm der Fuchs behänd, fraß ihn und lachte des törichten Raben.

Quelle: Martin Luther: Vom Raben und Fuchs. In: Martin Luthers Fabeln. Hrsg. v. Willi Steinberg. Halle/Saale: Niemeyer Verlag 1961, S. 7 f.

Rabe und Fuchs, Holzschnittillustration
Quelle: akg-images,Berlin;

2 Überprüfen Sie Ihre Kenntnisse über die charakteristischen inhaltlichen und formalen Merkmale von Fabeln am konkreten Beispiel der Luther-Fabel. Tragen Sie dazu Ihre Ergebnisse in die rechte Spalte der Tabelle oben ein.

NAME:

DATUM/KURS:

Die Wirkung einer modernen Fabel untersuchen

Franz Kafka: Kleine Fabel (1931 posthum veröffentlicht)

„Ach“, sagte die Maus, „die Welt wird enger mit jedem Tag. Zuerst war sie so breit, daß ich Angst hatte, ich lief weiter und war glücklich, daß ich endlich rechts und links in der Ferne Mauern sah, aber diese langen Mauern eilen so schnell aufeinander zu, daß ich schon im letzten Zimmer bin, und dort im Winkel steht die Falle, in die ich laufe.“ – „Du mußt nur die Laufrichtung ändern“, sagte die Katze und fraß sie.

Text in alter Rechtschreibung
Quelle: Franz Kafka: Kleine Fabel. In: Ders.: Sämtliche Erzählungen. Hrsg. v. Paul Raabe. Frankfurt/M.: Fischer Taschenbuch Verlag, 1970, S. 320.

1 Arbeiten Sie in Vierer-Gruppen. Lesen Sie den Text von Franz Kafka und notieren Sie möglichst bildhaft Ihr Vorverständnis des Textes auf dem unten abgebildeten Schema in eines der Felder.
- Tauschen Sie Ihr Blatt mit den Mitgliedern Ihrer Arbeitsgruppe. Ergänzen Sie die gefundenen Angaben.
- Besprechen Sie in der Gruppe die verschiedenen Deutungsansätze.
- Überlegen Sie gemeinsam, welche Ideen in das Gemeinschaftsfeld übertragen werden. Nur dieses Feld soll anschließend von einem oder mehreren Gruppenmitgliedern der gesamten Gruppe präsentiert werden.

2 Max Brod, der Freund und Testamentsverwalter Franz Kafkas, hat diesen Text erst nach Kafkas Tod veröffentlicht und ihm auch den Titel „Kleine Fabel“ gegeben. Überlegen Sie, inwiefern Kafka dem Schema folgt, das Sie von einer herkömmlichen Fabel kennen.

3 Gehen Sie mit dem Text produktiv um, indem Sie ihn für das Leben heute aktualisieren. Sie könnten z. B. so beginnen: `„Ach“, sagte der Schüler / der Politiker / der Schauspieler / der … .`

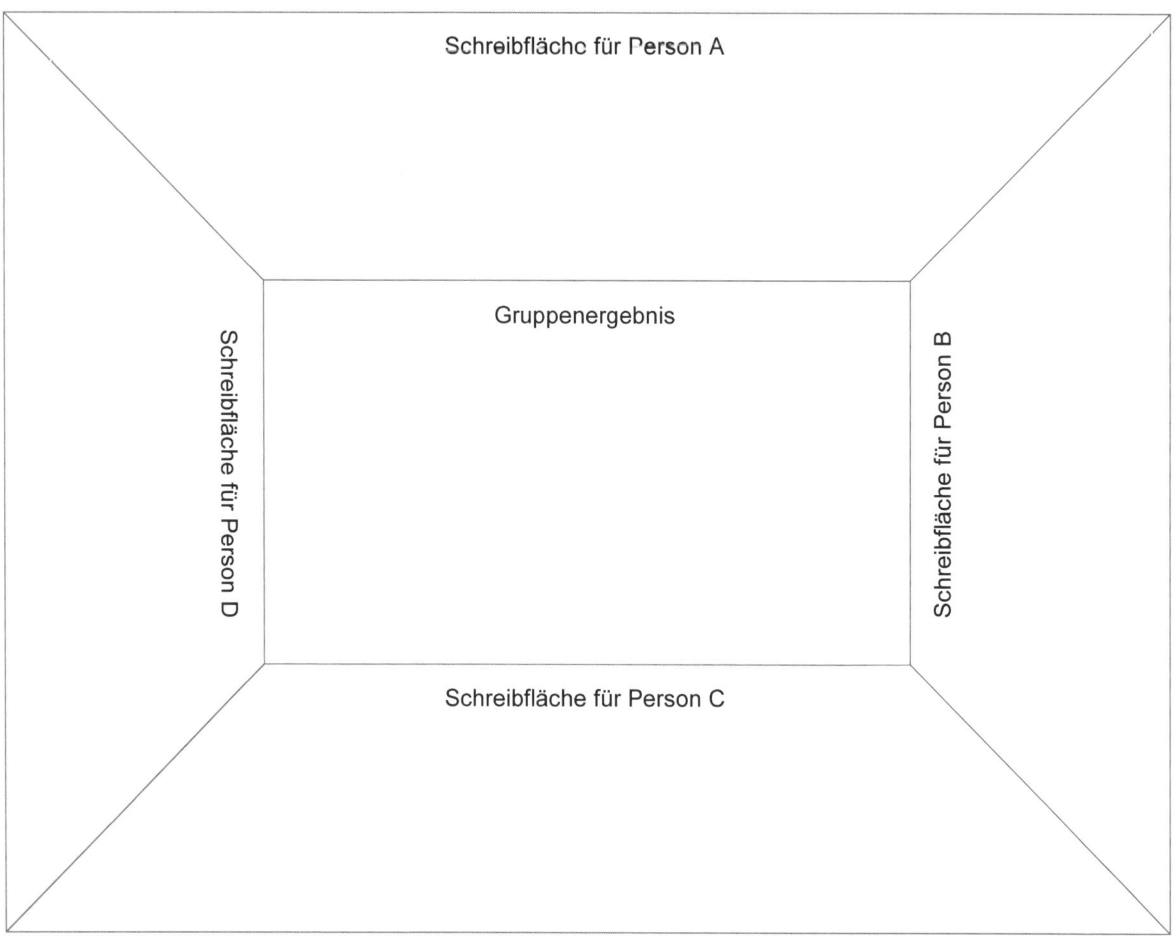

NAME:

DATUM/KURS:

Die politischen Dimensionen moderner Fabeln analysieren

Rainer Rochlitz: Fabel (1967)

Versehentlich ist gestern Nacht
fahrlässig, wie bereits gemeldet,
eine Maus, die allerdings,
nach letzten Agenturberichten,
eine Katze Mörder schimpfte,
totgebissen und gefressen worden.
Mäuse, die entrüstet sind,
können heute öffentlich
ihre Sympathie kundgeben,
Ausschreitungen zu verhindern,
und zum Schutz der Demonstranten
steht ein Katzencorps bereit.
Unbeteiligte sind angehalten,
den Verkehr nicht aufzuhalten;
lachen Sie ruhig en passant ein bisschen
über die struppigen Mäusegestalten;
sollten Sie Radau befürchten,
keine Angst, wir sorgen schon,
dass die Kleinen
ihre Schnäuzchen halten.

Quelle: Die Zeit, Archiv Jahrgang 1967, Ausgabe 33, 18. August 1967.

1 Stellen Sie begründete Vermutungen darüber an, wen Katzen und Mäuse in diesem Text sinnbildlich repräsentieren könnten.

Bild
BERLIN
Der Schah und Farah in Berlin
Blutige Krawalle: 1 Toter!
„20000 DM – und Sie sehen Timo“
Demonstrieren JA! Randalieren NEIN!

Bild-Titelseite vom 3. Juni 1967
Quelle: Axel Springer Syndication GmbH, Berlin

Ein Todesopfer bei den blutigen Krawallen während des Berlin-Besuchs des Schahs von Persien vor der Deutschen Oper!

Nach der Straßenschlacht zwischen 500 Randalierern und einem Massenaufgebot der Polizei wurde der Student Benno Ohnesorg (26) aus Wilmersdorf mit schweren Verletzungen in das Moabiter Krankenhaus gebracht. Er starb kurze Zeit später an einer Schädelfraktur.

Die Straßenschlacht begann, als das Kaiserpaar zur Aufführung der „Zauberflöte“ in das Opernhaus fuhr. Die Halbstarken warfen Rauchbomben, rohe Eier, Milch- und Mehltüten sowie Sandsäcke. Die Polizei setzte – zum ersten Mal seit Jahren – Wasserwerfer ein. Schwere Schlägereien folgten.

30 Personen wurden verletzt, darunter acht Polizisten. Ein Polizist wurde durch einen Steinwurf ins Gesicht verletzt, ein anderer zu Boden geworfen und blutig getrampelt.

Die Krawalle endeten erst, als das persische Kaiserpaar ins Hilton-Hotel zurückkehrte.

Zuvor hatten die Randalierer auf dem Kurfürstendamm und in der Wilmersdorfer Straße noch Feuer angezündet. Es entstand ein Verkehrschaos. Wagen der politischen Polizei wurden eingekeilt, und die Beamten mussten uniformierte Kollegen zuhilfe holen.

35 Randalierer wurden festgenommen, 25 Krankenwagen waren im Einsatz. Ein Polizeioffizier: „Das waren die schwersten Krawalle seit dem Bau der Mauer.“

Das Westend-Krankenhaus: „Unsere Unfallstation ist überfüllt. Wir können keine Verletzten mehr aufnehmen.“ 28 Rettungswagen waren eingesetzt worden, um die Verletzten abzutransportieren.

Quelle: Bild-Zeitung, 3. Juni 1967

2 Lesen Sie den Artikel aus der Bild-Zeitung vom 3. Juni 1967 und unterteilen Sie ihn in Sinnabschnitte. Informieren Sie sich über die politische Situation in der Bundesrepublik 1967.

3 Nutzen Sie den Zeitungsartikel und die Ergebnisse Ihrer Recherche für die Interpretation der „Fabel“ von Rainer Rochlitz. Achten Sie dabei besonders auf folgende Aspekte:
- Was sind die besonderen Merkmale seiner „Fabel“?
- Welche Moral könnte er zu vermitteln versuchen?

NAME:

DATUM/KURS:

Merkmale der Kalendergeschichte kennenlernen

Jonas Geldschläger: Kalendergeschichte (Auszüge)

Kalendergeschichten entstehen im 16. Jahrhundert, um das stetig wachsende Lesebedürfnis der Bevölkerung zu stillen. Die Popularität solcher Geschichten steigerte sich vor allem seit 1780 ungemein, wobei sie noch bis ins 19. Jahrhundert an den Kalender gebunden sind. Erst im angehenden 20. Jahrhundert können sich solche Texte als eigenständige Kurzprosa behaupten und werden in Sammlungen zusammengefasst.

Besonderheiten und wesentliche Merkmale der Textsorte

Kalendergeschichten sind in der Regel leicht verständlich und als volkstümliche Kurzprosa zu verstehen. Abgesehen davon haben sie keine eindeutigen Merkmale. Lediglich die Tatsache, dass sie in Kalendern veröffentlicht wurden, haben die einzelnen Werke gemeinsam.

Demzufolge gibt es keine strukturellen oder spezifischen Eigenarten. Sie zeichnen sich eher durch ihre individuelle Beschaffenheit aus, sind aber im Umfang meist kurz und knapp.
Sprachlich sind sie oft schlicht und orientieren sich am Dialekt der jeweiligen Region.

Außerdem enden sie meist pointiert, haben einen moralischen Unterton oder wollen belehren. Diese Form der moralischen Belehrung oder der Volksaufklärung hatte im Zeitalter der Aufklärung ihren Höhepunkt, weshalb sie durchaus ein Mittel der Erziehung waren.

Neben diesen unterhaltsamen Geschichten und merkwürdigen Begebenheiten enthielten die Volkskalender jener Zeit außerdem Rezepte, Wetterregeln, Gesundheitstipps, praktische Ratschläge und allgemeine Lebensweisheiten sowie vereinzelt Witze.

Diese literarischen Beigaben waren für das bäuerliche Volk oftmals – *neben der Bibel und dem Gesangbuch* – die einzige Konfrontation mit dem geschriebenen Wort. Dieser Umstand kann durchaus einen wichtigen Teil zur Beliebtheit dieser Geschichten beigetragen haben.

Quelle: URL: http://wortwuchs.net/kalendergeschichte/ (eingesehen am 02.11.2015)

1 Markieren Sie in diesem Informationstext die wichtigsten Kennzeichen der Erzählform „Kalendergeschichte".

2 Beantworten Sie dann die folgenden Multiple-Choice-Fragen. Beachten Sie: Von den vorgegebenen Antworten können drei, zwei, eine oder gar keine richtig sein.

	Kalendergeschichten	
1.	– sind einfach formuliert – haben oft eine Pointe – sollen die Leser unterhalten	☐ ☐ ☐
2.	– sollen die Leser belehren und aufklären – haben meist eine politische Absicht – beschreiben merkwürdige Ereignisse	☐ ☐ ☐
3.	– sprechen die einfache Bevölkerung an – wollen die gesellschaftlichen Verhältnisse verändern – haben einen religiösen Anspruch	☐ ☐ ☐
4.	– sind witzige Geschichten – formulieren eine explizite Moral – besitzen eine klare, wiedererkennbare Struktur	☐ ☐ ☐

NAME:

DATUM/KURS:

Den Aufbau einer historischen Kalendergeschichte nachvollziehen

Johann Peter Hebel: Unverhofftes Wiedersehen (1810)

Die Vorlage zu dieser Kalendergeschichte lieferte ein Bericht über den Bergmann Mats Israelson, der 1670 in den Kupfergruben von Falun in Schweden verschwand und dessen Leiche 1719 in einem Stollen gefunden wurde.

In Falun in Schweden küsste vor guten fünfzig Jahren und mehr ein junger Bergmann seine junge hübsche Braut und sagte zu ihr: „Auf Sankt Luciä wird unsere Liebe von des Priesters Hand gesegnet. Dann sind wir Mann und Weib und bauen uns ein eigenes Nestlein." – „Und Friede und Liebe soll darin wohnen", sagte die schöne Braut mit holdem Lächeln, „denn du bist mein Einziges und Alles, und ohne dich möchte ich lieber im Grab sein als an einem anderen Ort." Als sie aber vor Sankt Luciä der Pfarrer zum zweiten Male in der Kirche ausgerufen hatte: „So nun jemand Hindernis wüsste anzuzeigen, warum diese Personen nicht möchten ehelich zusammenkommen", da meldete sich der Tod. Denn als der Jüngling den anderen Morgen in seiner schwarzen Bergmannskleidung an ihrem Haus vorbeiging, der Bergmann hat sein Totenkleid immer an, da klopfte er zwar noch einmal an ihrem Fenster und sagte ihr guten Morgen, aber keinen guten Abend mehr. Er kam nimmer aus dem Bergwerk zurück, und sie säumte vergeblich selbigen Morgen ein schwarzes Halstuch mit rotem Rand für ihn zum Hochzeitstag, sondern als er nimmer kam, legte sie es weg und weinte um ihn und vergaß ihn nie.

Unterdessen wurde die Stadt Lissabon in Portugal durch ein Erdbeben zerstört, und der Siebenjährige Krieg ging vorüber, und Kaiser Franz der Erste starb, und der Jesuitenorden wurde aufgehoben und Polen geteilt, und die Kaiserin Maria Theresia starb, und der Struensee wurde hingerichtet, Amerika wurde frei, und die vereinigte französische und spanische Macht konnte Gibraltar nicht erobern.

Die Türken schlossen den General Stein in der Veteraner Höhle in Ungarn ein, und der Kaiser Joseph starb auch. Der König Gustav von Schweden eroberte Russisch Finnland, und die Französische Revolution und der lange Krieg fingen an, und der Kaiser Leopold der Zweite ging auch ins Grab. Napoleon eroberte Preußen, und die Engländer bombardierten Kopenhagen, und die Ackerleute säten und schnitten. Der Müller mahlte, und die Schmiede hämmerten, und die Bergleute gruben nach den Metalladern in ihrer unterirdischen Werkstatt. Als aber die Bergleute in Falun im Jahre 1809 etwas vor oder nach Johannis zwischen zwei Schachten eine Öffnung durchgraben wollten, gute dreihundert Ellen tief unter dem Boden, gruben sie aus dem Schutt und Vitriolwasser den

Johann Peter Hebel (1760 – 1826) war Lehrer an einem Karlsruher Gymnasium. Diese Schule gab einen Kalender mit dem Titel „Der Rheinländische Hausfreund" heraus. Hebel veröffentlichte in diesem Kalender seine Geschichten, Erzählungen, Märchen und Anekdoten.
Quelle: Interfoto (Sammlung Rauch), München

Leichnam eines Jünglings heraus, der ganz mit Eisenvitriol durchdrungen, sonst aber unverwest und unverändert war, also dass man seine Gesichtszüge und sein Alter noch völlig erkennen konnte, als wenn er erst vor einer Stunde gestorben oder ein wenig eingeschlafen wäre an der Arbeit. Als man ihn aber zu Tag ausgefördert hatte, Vater und Mutter, Freunde und Bekannte waren schon lange tot, kein Mensch wollte den schlafenden Jüngling kennen oder etwas von seinem Unglück wissen, bis die ehemalige Verlobte des Bergmanns kam, der eines Tages auf die Schicht gegangen war und nimmer zurückkehrte. Grau und zusammengeschrumpft kam sie an einer Krücke an den Platz und erkannte ihren Bräutigam; und mehr mit freudigem Entzücken als mit Schmerz sank sie auf die geliebte Leiche nieder, und erst als sie sich von einer langen heftigen Bewegung des Gemüts erholt hatte, „es ist mein Verlobter", sagte sie endlich, „um den ich

NAME:
DATUM/KURS:

Fortsetzung: Johann Peter Hebel: Unverhofftes Wiedersehen

fünfzig Jahre lang getrauert hatte und den mich Gott noch einmal sehen lässt vor meinem Ende. Acht Tage vor der Hochzeit ist er auf die Grube gegangen und nimmer gekommen.“ Da wurden die Gemüter aller Umstehenden von Wehmut und Tränen ergriffen, als sie sahen die ehemalige Braut jetzt in der Gestalt des hingewelkten kraftlosen Alters und den Bräutigam noch in seiner jugendlichen Schöne, und wie in ihrer Brust nach fünfzig Jahren die Flamme der jugendlichen Liebe noch einmal erwachte; aber er öffnete den Mund nimmer zum Lächeln oder die Augen zum Wiedererkennen; und wie sie ihn endlich von den Bergleuten in ihr Stüblein tragen ließ, als die Einzige, die ihm angchöre und ein Recht an ihn habe, bis sein Grab gerüstet sei auf dem Kirchhof. Den andern Tag, als das Grab gerüstet war auf dem Kirchhof und ihn die Bergleute holten, schloss sie ein Kästlein auf, legte ihm das schwarzseidene Halstuch mit rotem Streifen um und begleitete ihn in ihrem Sonntagsgewand, als wenn es ihr Hochzeitstag und nicht der Tag seiner Beerdigung wäre. Denn als man ihn auf dem Kirchhof ins Grab legte, sagte sie: „Schlafe nun wohl, noch einen Tag oder zehn im kühlen Hochzeitsbett, und lass dir die Zeit nicht lang werden. Ich habe nur noch wenig zu tun und komme bald, und bald wird's wieder Tag. Was die Erde einmal wiedergegeben hat, wird sie zum zweiten Male auch nicht behalten“, sagte sie, als sie fortging und sich noch einmal umschaute.

Quelle: Johann Peter Hebel: Unverhofftes Wiedersehen. In: Ders.: Kalendergeschichten. Frankfurt/M.: Insel Verlag 1965, S.69 ff. Aus: J. P. Hebel, Der Rheinländische Hausfreund. Hrsg. v. Ludwig Rohner

1 Strukturieren Sie den Text, indem Sie ihn in Sinnabschnitte unterteilen.

2 Überprüfen und ergänzen Sie Ihre Kenntnisse über Kalendergeschichten anhand der Erzählung von Johann Peter Hebel. Inwiefern folgt Hebel dem Schema, das Sie von einer herkömmlichen Kalendergeschichte kennen?

3 Untersuchen Sie, wie der Autor seinen Text aufbaut: Wie wird in den drei großen Abschnitten das Thema Partnerschaft, wie das Weltgeschehen behandelt und welche Beziehung besteht zwischen diesen Themenbereichen? Arbeiten Sie mit einem Partner/einer Partnerin.

NAME:

DATUM/KURS:

Moderne Kalendergeschichten mit ihrem historischen Vorbild vergleichen

Botho Strauß: Rückkehr und Bertolt Brecht: Wer kennt wen?

Die Beziehungen zwischen den Geschlechtern verändern sich im 20. Jahrhundert. Die Literatur spiegelt die Veränderung der Verhältnisse. Botho Strauß nimmt in seinem Text „Rückkehr" direkt Bezug auf Hebels Kalendergeschichte. Er zeigt, wie wenig von Werten wie Treue und Liebe übrig geblieben ist. Brecht verweist darauf, dass gerade in der Offenheit der Beziehungen, dem Einander-fremd-Bleiben, der eigentliche Wert liegt.

1 Lesen Sie den Text „Rückkehr" von Botho Strauß (vgl. die Klett-Edition „Vom Atem zum Stillstand. Kurzprosa von 1945–2010", S. 61). Halten Sie in Stichworten fest, auf welche Weise der Autor das Geschehen sprachlich vermittelt.

2 Lesen Sie nun Bertolt Brechts Geschichte „Wer kennt wen?". Erörtern Sie in einem kurzen Fließtext, ob es sich um eine Kalendergeschichte handelt.

Bertolt Brecht: Wer kennt wen?

Herr Keuner befragte zwei Frauen über ihren Mann.

Die eine gab folgende Auskunft:

„Ich habe zwanzig Jahre mit ihm gelebt. Wir schliefen in einem Zimmer und auf einem Bett. Wir aßen die Mahlzeiten zusammen. Er erzählte mir alle seine Geschäfte. Ich lernte seine Eltern kennen und verkehrte mit allen seinen Freunden. Ich wußte alle seine Krankheiten, die er selber wußte, und einige mehr. Von allen, die ihn kennen, kenne ich ihn am besten."

„Kennst du ihn also?", fragte Herr Keuner.

„Ich kenne ihn."

Herr Keuner fragte noch eine andere Frau nach ihrem Mann. Die gab folgende Auskunft:

„Er kam oft längere Zeit nicht, und ich wußte nie, ob er wiederkommen würde. Seit einem Jahr ist er nicht mehr gekommen. Ich weiß nicht, ob er wiederkommen wird. Ich weiß nicht, ob er aus den guten Häusern kommt oder aus den Hafengassen. Es ist ein gutes Haus, in dem ich wohne. Ob er zu mir auch in ein schlechtes käme, wer weiß es? Er erzählt nichts, er spricht mit mir nur von *meinen* Angelegenheiten. Diese kennt er genau. Ich weiß, was er sagt, weiß ich es? Wenn er kommt, hat er manchmal Hunger, manchmal aber ist er satt. Aber er ißt nicht immer, wenn er Hunger hat, und wenn er satt ist, lehnt er eine Mahlzeit nicht ab. Einmal kam er mit einer Wunde. Ich verband sie ihm. Einmal wurde er hereingetragen. Einmal jagte er alle Leute aus meinem Haus. Wenn ich ihn ‚dunkler Herr' nenne, lacht er und sagt: Was weg ist, ist dunkel, was aber da ist, ist hell. Manchmal aber wird er finster über dieser Anrede. Ich weiß nicht, ob ich ihn liebe. Ich …"

„Sprich nicht weiter", sagte Herr Keuner hastig. „Ich sehe, du kennst ihn. Mehr kennt kein Mensch den andern als du ihn."

Text in alter Rechtschreibung
Quelle: Bertolt Brecht: Wer kennt wen? In: Ders.: Geschichten vom Herrn Keuner. Frankfurt/M.: Suhrkamp Verlag 1971, S. 88 f.

3 Vergleichen Sie die beiden modernen Texte von Strauß und Brecht mit Hebels Kalendergeschichte. Welche Bedeutung hat eine Partnerschaft? Wie wird auf das Weltgeschehen eingegangen? Welche sprachlichen Besonderheiten kennzeichnen die Texte? Halten Sie Ihre Ergebnisse in der Tabelle fest.

	Beziehung, Partnerschaft	Weltgeschehen	sprachlich-erzählerische Gestaltung
Hebel			
Brecht			
Strauß			

4 Vergleichen Sie Ihre Ergebnisse: Wie werden Form und Inhalt der Kalendergeschichte jeweils variiert?

NAME:

DATUM/KURS:

Merkmale der Parabel kennenlernen

Info

Parabel

Parabeln verstehen sich als eine Aufforderung zum Denken. Sie regen den Leser dazu an, anhand eines bildhaften Beispiels einen entsprechenden allgemeinen Sachverhalt zu finden. Im Denkvorgang soll der Bildteil der Parabel (der metaphorische Bereich) mit der Sachebene (dem thematischen Bereich, der Deutungsebene) verknüpft werden. In der Geschichte benannte Figuren oder Dinge erhalten häufig eine symbolische Bedeutung. Die Suche nach der Wahrheit, der Erkenntnis von sinnvollem Handeln, ist die wesentliche Absicht der Parabel. Dieser Appellcharakter wird häufig durch eine Einkleidung der Parabelerzählung in eine Gesprächssituation (kommunikative Ebene) unterstützt. Es wird in der Regel sachlich formuliert. Die knappe Form unterstützt diesen Stil. Der Satzbau wirkt komprimiert und reduziert, statt ausschmückender Adjektive, Verben oder anschaulicher Nebensätze finden sich adverbiale Bestimmungen.

Parabeln sind zunächst durch ihre Verankerung im religiösen Bereich, vor allem in der buddhistischen, hebräischen und christlichen Literatur, geprägt. Im 20. Jahrhundert löst sich die Parabel aus der religiösen Umklammerung, erhalten bleibt meist nur noch der parabolische Charakter der Texte; in ihrer Form entfernt sie sich weit von den religiösen Vorbildern. Der Bezug bleibt jedoch auch in modernen Texten vorhanden; das Spiel mit religiöser Vorgabe und politischer Intention in dem Text „Der Präventivschlag" von Erich Fried etwa (vgl. die Klett-Edition „Vom Atem zum Stillstand. Kurzprosa von 1945–2010", S. 38 f.) verweist auf die Tradition, dreht die metaphorische Ebene der Vorgaben im Alten Testament eine Umdrehung weiter, um den Wahnsinn militärischer Logik ins Bild zu setzen.

In modernen Parabeln erscheint die Beziehung zwischen Bild- und Sachebene häufig wesentlich offener. Dem im Vordergrund stehenden Geschehen auf der Bildebene kann nicht ohne Weiteres eine direkte Entsprechung auf der Sachebene zugeordnet werden. Entsprechend ändert sich die Haltung zur intendierten Wirkung auf den Leser. Die gleichnishaften Parabeln sind auf eine Einstellungsänderung angelegt und entsprechen damit den Fabeln und Kalendergeschichten. Die komplexeren Texte des 20. Jahrhunderts öffnen dagegen Wege in surreale Welten, die in ihrer Offenheit schwer zu deuten sind.

1 Markieren Sie in dem Informationstext die wesentlichen Merkmale der Erzählform „Parabel". Unterscheiden Sie dabei zwischen inhaltlichen und formalen Merkmalen. Wählen Sie für Ihre Markierungen zwei Farben.

2 Fassen Sie Ihre Ergebnisse in folgender Tabelle stichwortartig zusammen.

	traditionelle Parabeln, die belehren sollen	**komplexe Parabeln, die in surreale Welten führen**
Inhalt		
Form		

© Ernst Klett Verlag GmbH, Stuttgart 2016 | www.klett.de | ISBN 978-3-12-352489-9

NAME:

DATUM/KURS:

Eine historisch gleichnishafte Parabel verstehen

Johann Gottfried Herder: Das größte Übel des Staats, die Ratte in der Bildsäule

1 Lesen Sie zunächst nur den Titel der Parabel: Welche Assoziationen löst er bei Ihnen aus? Halten Sie Ihre Ideen spontan in Stichworten fest.

____

____

Johann Gottfried Herder: Das größte Übel des Staats, die Ratte in der Bildsäule

Hoan-Kong fragte einst seinen Minister, den Koang-Tschong, wovor man sich wohl in einem Staat am meisten fürchten müsse. Koang-Tschong antwortete:

„Prinz, nach meiner Einsicht hat man nichts mehr zu fürchten, als was man nennet: *die Ratte in der Bildsäule*."

Hoan-Kong verstand diese Vergleichung nicht; Koang-Tschong erklärte sie ihm also:

„Ihr wisset, Prinz, dass man an vielen Orten dem *Geiste des Orts* Bildsäulen aufzurichten pflegt; diese hölzernen Statuen sind inwendig hohl und von außen bemalet. Eine Ratte hatte sich in eine hineingearbeitet, und man wusste nicht, wie man sie verjagen sollte. Feuer dabei zu gebrauchen, getrauete man sich nicht, aus Furcht, dass solches das Holz der Statue angreife; die Bildsäule ins Wasser zu setzen, getrauete man sich auch nicht, aus Furcht, man möchte die Farben an ihr auslöschen. Und so bedeckte und beschützte die Ehrerbietung, die man vor der Bildsäule hatte, die *Ratte*."

„Und wer sind diese Ratten im Staat?", fragte Hoan-Kong. „Leute", sprach der Minister, „die weder Verdienst noch Tugend haben und gleichwohl die Gunst des Fürsten genießen. Sie verderben alles; man siehet es und seufzet darüber; man weiß aber nicht, wie man sie angreifen, wie man ihnen beikommen soll. Sie sind die *Ratten in der Bildsäule*."

Quelle: Johann Gottfried Herder: Das größte Übel des Staats, die Ratte in der Bildsäule. In: Ders.: Sämtliche Werke, Bd. 24. Hildesheim: Georg Olms Verlag 1967, S. 14.

2 Lesen Sie dann den gesamten Text und versuchen Sie, die Parabel zu erschließen:
- Gliedern Sie den Text und entscheiden Sie jeweils, wie der Bereich der „Ratte in der Bildsäule" auf den gemeinten Bereich „Staat und Gesellschaft" übertragen werden kann.
- Stellen Sie dann Überlegungen an, was die Parabel aussagen und bedeuten könnte.
- Fassen Sie Ihre Ergebnisse in folgender Tabelle stichwortartig zusammen.

	Bildbereich „Ratte in der Bildsäule"	Sachbereich „Staat und Gesellschaft"
Verhalten der Ratte		
Verhalten der Menschen gegenüber der Ratte		
Ergebnis		
Absicht der Parabel, Deutung		

NAME:

DATUM/KURS:

Eine moderne gleichnishafte Parabel verstehen

Erich Fried: Der Präventivschlag / Die Bibel, Genesis 4, 1–15

1 Lesen Sie „Der Präventivschlag" von Erich Fried (vgl. die Klett-Edition „Vom Atem zum Stillstand. Kurzprosa von 1945–2010, S. 38 ff.). Halten Sie in Stichworten fest, wie Erich Fried das Geschehen in den einzelnen Abschnitten entwickelt.

Absatz 1: ______________________________

Absatz 2: ______________________________

Absatz 3: ______________________________

Absatz 4: ______________________________

Absatz 5: ______________________________

Absatz 6: ______________________________

Absatz 7: ______________________________

Absatz 8: ______________________________

Absatz 9: ______________________________

Absatz 10: ______________________________

Die Bibel, Genesis 4, 1–15

1 Adam erkannte Eva, seine Frau; sie wurde schwanger und gebar Kain. Da sagte sie: Ich habe einen Mann vom Herrn erworben.

2 Sie gebar ein zweites Mal, nämlich Abel, seinen Bruder. Abel wurde Schafhirt und Kain Ackerbauer.

3 Nach einiger Zeit brachte Kain dem Herrn ein Opfer von den Früchten des Feldes dar;

4 auch Abel brachte eines dar von den Erstlingen seiner Herde und von ihrem Fett. Der Herr schaute auf Abel und sein Opfer,

5 aber auf Kain und sein Opfer schaute er nicht. Da überlief es Kain ganz heiß und sein Blick senkte sich.

6 Der Herr sprach zu Kain: Warum überläuft es dich heiß und warum senkt sich dein Blick?

7 Nicht wahr, wenn du recht tust, darfst du aufblicken; wenn du nicht recht tust, lauert an der Tür die Sünde als Dämon. / Auf dich hat er es abgesehen, / doch du werde Herr über ihn!

8 Hierauf sagte Kain zu seinem Bruder Abel: Gehen wir aufs Feld! Als sie auf dem Feld waren, griff Kain seinen Bruder Abel an und erschlug ihn.

9 Da sprach der Herr zu Kain: Wo ist dein Bruder Abel? Er entgegnete: Ich weiß es nicht. Bin ich der Hüter meines Bruders?

10 Der Herr sprach: Was hast du getan? Das Blut deines Bruders schreit zu mir vom Ackerboden.

11 So bist du verflucht, verbannt vom Ackerboden, der seinen Mund aufgesperrt hat, um aus deiner Hand das Blut deines Bruders aufzunehmen.

12 Wenn du den Ackerboden bestellst, wird er dir keinen Ertrag mehr bringen. Rastlos und ruhelos wirst du auf der Erde sein.

13 Kain antwortete dem Herrn: Zu groß ist meine Schuld, als dass ich sie tragen könnte.

14 Du hast mich heute vom Ackerland verjagt und ich muss mich vor deinem Angesicht verbergen; rastlos und ruhelos werde ich auf der Erde sein und wer mich findet, wird mich erschlagen.

15 Der Herr aber sprach zu ihm: Darum soll jeder, der Kain erschlägt, siebenfacher Rache verfallen. Darauf machte der Herr dem Kain ein Zeichen, damit ihn keiner erschlage, der ihn finde.

Zitiert nach der Einheitsübersetzung

2 Lesen Sie den Bibeltext aus Genesis 4. Bestimmen Sie stichwortartig, was in diesem Abschnitt geschieht. Gehen Sie dabei von Satz zu Satz vor.

3 Untersuchen Sie, wie Erich Fried mit dem Bibeltext umgeht. Wie wird der Inhalt der biblischen Geschichte variiert?

4 Interpretieren Sie diese beiden Texte vor dem Hintergrund zweier Weltkriege und des anschließendes Kalten Kriegs zwischen Ost und West im 20. Jahrhundert.

NAME:

DATUM/KURS:

Die surreale Welt einer modernen Parabel entdecken

Franz Kafka: Ein Traum (1920)

1 Was fällt Ihnen alles zum Thema „Traum" ein? Notieren Sie spontan ihre Eindrücke.

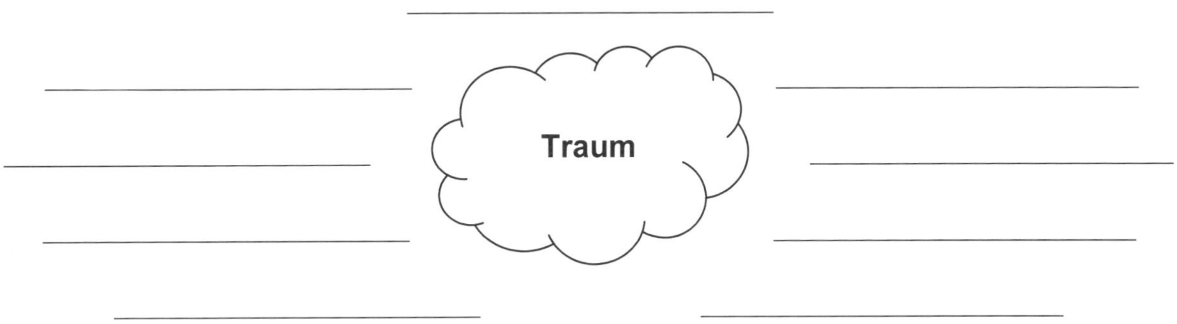

Franz Kafka: Ein Traum (1920)

Josef K. träumte:

Es war ein schöner Tag und K. wollte spazierengehen. Kaum aber hatte er zwei Schritte gemacht, war er schon auf dem Friedhof. Es waren dort sehr künstliche, unpraktisch gewundene Wege, aber er glitt über einen solchen Weg wie auf einem reißenden Wasser in unerschütterlich schwebender Haltung. Schon von der Ferne faßte er einen frisch aufgeworfenen Grabhügel ins Auge, bei dem er Halt machen wollte. Dieser Grabhügel übte fast eine Verlockung auf ihn aus und er glaubte, gar nicht eilig genug hinkommen zu können. Manchmal aber sah er den Grabhügel kaum, er wurde ihm verdeckt durch Fahnen, deren Tücher sich wanden und mit großer Kraft aneinanderschlugen; man sah die Fahnenträger nicht, aber es war, als herrsche dort viel Jubel.

Während er den Blick noch in die Ferne gerichtet hatte, sah er plötzlich den gleichen Grabhügel neben sich am Weg, ja fast schon hinter sich. Er sprang eilig ins Gras. Da der Weg unter seinem abspringenden Fuß weiter raste, schwankte er und fiel gerade vor dem Grabhügel ins Knie. Zwei Männer standen hinter dem Grab und hielten zwischen sich einen Grabstein in der Luft; kaum war K. erschienen, stießen sie den Stein in die Erde und er stand wie festgemauert. Sofort trat aus einem Gebüsch ein dritter Mann hervor, den K. gleich als einen Künstler erkannte. Er war nur mit Hosen und einem schlecht zugeknöpften Hemd bekleidet; auf dem Kopf hatte er eine Samtkappe; in der Hand hielt er einen gewöhnlichen Bleistift, mit dem er schon beim Näherkommen Figuren in der Luft beschrieb.

Mit diesem Bleistift setzte er nun oben auf dem Stein an; der Stein war sehr hoch, er mußte sich gar nicht bücken, wohl aber mußte er sich vorbeugen, denn der Grabhügel, auf den er nicht treten wollte, trennte ihn von dem Stein. Er stand also auf den Fußspitzen und stützte sich mit der linken Hand auf die Fläche des Steines. Durch eine besonders geschickte Hantierung gelang es ihm, mit dem gewöhnlichen Bleistift Goldbuchstaben zu erzielen; er schrieb: „Hier ruht –" Jeder Buchstabe erschien rein und schön, tief geritzt und in vollkommenem Gold. Als er die zwei Worte geschrieben hatte, sah er nach K. zurück; K., der sehr begierig auf das Fortschreiten der Inschrift war, kümmerte sich kaum um den Mann, sondern blickte nur auf den Stein. Tatsächlich setzte der Mann wieder zum Weiterschreiben an, aber er konnte nicht, es bestand irgendein Hindernis, er ließ den Bleistift sinken und drehte sich wieder nach K. um. Nun sah auch K. den Künstler an und merkte, daß dieser in großer Verlegenheit war, aber die Ursache dessen nicht sagen konnte. Alle seine frühere Lebhaftigkeit war verschwunden. Auch K. geriet dadurch in Verlegenheit; sie wechselten hilflose Blicke; es lag ein häßliches Mißverständnis vor, das keiner auflösen konnte. Zur Unzeit begann nun auch eine kleine Glocke von der Grabkapelle zu läuten, aber der Künstler fuchtelte mit der erhobenen Hand und sie hörte auf. Nach einem Weilchen begann sie wieder; diesmal ganz leise und, ohne besondere Aufforderung, gleich abbrechend; es war, als wolle sie nur ihren Klang prüfen. K. war untröstlich über die Lage des Künstlers, er begann zu weinen und schluchzte lange in die vorgehaltenen Hände. Der Künstler wartete, bis K. sich beruhigt hatte, und entschloß sich dann, da er keinen anderen Ausweg fand, dennoch zum Weiterschreiben. Der erste kleine Strich, den er machte, war für K. eine Erlösung, der Künstler brachte ihn aber offenbar nur mit dem äußersten Widerstreben zustande; die

NAME:

DATUM/KURS:

Schrift war auch nicht mehr so schön, vor allem schien es an Gold zu fehlen, blaß und unsicher zog sich der Strich hin, nur sehr groß wurde der Buchstabe. Es war ein J, fast war es schon beendet, da stampfte der Künstler wütend mit einem Fuß in den Grabhügel hinein, daß die Erde ringsum in die Höhe flog. Endlich verstand ihn K.; ihn abzubitten war keine Zeit mehr; mit allen Fingern grub er in die Erde, die fast keinen Widerstand leistete; alles schien vorbereitet; nur zum Schein war eine dünne Erdkruste aufgerichtet; gleich hinter ihr öffnete sich mit abschüssigen Wänden ein großes Loch, in das K., von einer sanften Strömung auf den Rücken gedreht, versank. Während er aber unten, den Kopf im Genick noch aufgerichtet, schon von der undurchdringlichen Tiefe aufgenommen wurde, jagte oben sein Name mit mächtigen Zieraten über den Stein.

Entzückt von diesem Anblick erwachte er.

Text in alter Rechtschreibung
Quelle: Franz Kafka: Ein Traum. In: Ders.: Sämtliche Erzählungen. Hrsg. v. Paul Raabe. Frankfurt/M.: Fischer Taschenbuch Verlag, 1970, S. 145–147.

2 Lesen Sie den Text von Franz Kafka. Gliedern Sie ihn in Sinnabschnitte und fügen Sie in die folgende Gliederung ein, was auf der Bildebene jeweils geschieht. Arbeiten Sie mit einem Partner/einer Partnerin.

Gliederung der Bildebene	
1. Satz	
Z. 2–31	
Z. 32–51	
Z. 51–71	
Z. 72–84	
letzter Satz	

3 Arbeiten Sie in vier Arbeitsgruppen: Untersuchen Sie zunächst die erzähltechnischen Aspekte (Erzählform, erzählte Zeit, Erzählort, erzähltes Geschehen) im Text „Ein Traum“ von Franz Kafka.

4 Untersuchen Sie dann den Text im Hinblick auf die sprachlichen Aspekte und ihre mögliche Intention.

5 Fügen Sie Ihre Teilergebnisse zu einer möglichen Gesamtdeutung des Textes zusammen.

6 Diskutieren Sie abschließend Ihre Ergebnisse.

NAME:

DATUM/KURS:

Eine Interpretation einer modernen Parabel verfassen

Robert Walser: Das Götzenbild (1913)

1 Lesen Sie die Parabel „Das Götzenbild“ von Robert Walser (vgl. die Klett-Edition „Vom Atem zum Stillstand. Kurzprosa von 1945–2010, S. 90). Wenden Sie Ihre Interpretationskenntnisse auf diesen Text an:

a) Gliedern Sie den Text auf der Bildebene.
b) Erarbeiten Sie die erzähltechnischen Aspekte.
c) Benennen Sie sprachliche Aspekte.
d) Fügen Sie Ihre Einzelergebnisse zu einer Gesamtinterpretation zusammen.

Götze ist eine abwertende Bezeichnung für einen der eigenen Religion fremden Gott, insbesondere einen Abgott, also die Darstellung einer Gottheit in einem kultisch verehrten Bildwerk. Derartige „Götzenbilder“ verstoßen gegen das biblische Bilderverbot (Dtn 5,8 EU) und galten den abrahamitischen Religionen daher lange als heidnisch.

Quelle: www.wikipedia.de

Arbeitsschritte zum Verfassen eines Interpretationsaufsatzes zu einem Kurzprosatext

1. Erstes Textverständnis festhalten – Aufgabenstellung erfassen

- erste Eindrücke zum Text notieren
- Textangaben erfassen: Autor, Titel, Entstehungszeit, Textsorte, Thema
- Teilaufgaben und Untersuchungsaspekte beachten: Was ist konkret zu tun?
- Welche Aspekte des Textes sollen analysiert werden?

2. Text aspektorientiert untersuchen

- den Text unter den vorgegebenen und ausgewählten Aspekten erschließen
- ggf. textüberschreitende Aspekte einbeziehen

3. Untersuchungsergebnisse ordnen

- Deutungshypothese formulieren
- Fazit aus Untersuchungsergebnissen ziehen: Wie hängen Inhalt, Form und Sprache zusammen?
- Deutungshypothese überprüfen und ggf. neu formulieren

4. Gliederung erstellen

Einleitung:
- interessanten Einstieg überlegen
- Textsorte, Autor, Titel, Thema benennen

Hauptteil:
- Inhalt kurz wiedergeben
- Aufbau festlegen:
  a. nach der Reihenfolge des Handlungsverlaufs
  b. nach vorgegebenen oder selbst gewählten Aspekten oder Teilthemen

Schluss:
- Zusammenfassung der Ergebnisse mit Bezug zur Deutungshypothese
- möglich: persönliche Einschätzung, Zitat, Vergleich mit einem anderen Text

5. Klausur schreiben

- These entfalten; auf roten Faden achten
- sachlich und präzise formulieren
- passende Zitate einbauen und korrekt nachweisen

6. Klausur überarbeiten

in drei gesonderten Durchgängen prüfen:
- sachliche Richtigkeit
- gedankliche Zusammenhänge, sprachliche Verknüpfungen
- sprachliche Richtigkeit

NAME:

DATUM/KURS:

Die politische und gesellschaftliche Situation im Nachkriegsdeutschland erfassen

Trümmerfrauen, Berlin 1945
Quelle: laif (Rapho/Marcel Arthaud), Köln

Kriegsheimkehrer, Frankfurt/M. 1946
Quelle: akg-images (Tony Vaccaro), Berlin

Winston Churchill, Harry S. Truman, Josef Stalin auf der Potsdamer Konferenz, Sommer 1945
Quelle: Keystone, Hamburg

Männer auf dem Schwarzmarkt
Quelle: Süddeutsche Zeitung Photo, München

1 Nennen Sie Stichworte, die Ihnen zur Lage Deutschlands nach dem Ende des 2. Weltkriegs einfallen. Verwenden Sie die Fotos als Gedankenanstoß und beziehen Sie auch Ihr Vorwissen aus dem Geschichtsunterricht mit ein.

NAME:

DATUM/KURS:

2 Bilden Sie Gruppen und erarbeiten Sie Stichworte zum Alltagsleben in der deutschen Nachkriegsgesellschaft. Diskutieren Sie auch, welche psychischen Konsequenzen sich aus der äußeren Notlage ergeben. Halten Sie Ihre Ergebnisse in folgender Tabelle fest.

Alltag in der deutschen Nachkriegsgesellschaft

	äußere Situation	**psychische Folgen**
Wohnsituation in den Städten		
Situation von Frauen		
Situation von Männern		
Zusammenfassung		

Klett
© Ernst Klett Verlag GmbH, Stuttgart 2016 | www.klett.de | ISBN 978-3-12-352489-9

NAME:

DATUM/KURS:

Konsequenzen der Nachkriegserfahrungen für die Literatur untersuchen

Wolfgang Borchert: Das ist unser Manifest, Günter Eich: Inventur, Wolfgang Borchert: Die Katze war im Schnee erfroren

1 Lesen Sie den Auszug aus Wolfgang Borcherts literarischem Manifest (vgl. die Klett-Edition „Vom Atem zum Stillstand. Kurzprosa von 1945–2010", S.102). Fassen Sie die Aussagen Borcherts in einem Satz zusammen.

Günter Eich: Inventur (entstanden 1945/46)

Dies ist meine Mütze,
dies ist mein Mantel,
hier mein Rasierzeug
im Beutel aus Leinen.

Konservenbüchse:
Mein Teller, mein Becher,
ich hab in das Weißblech
den Namen geritzt.

Geritzt hier mit diesem
kostbaren Nagel,
den vor begehrlichen
Augen ich berge.

Im Brotbeutel sind
ein Paar wollene Socken
und einiges, was ich
niemand verrate,

so dient er als Kissen
nachts meinem Kopf.
Die Pappe hier liegt
zwischen mir und der Erde.

Die Bleistiftmine
lieb ich am meisten:
Tags schreibt sie mir Verse,
die nachts ich erdacht.

Dies ist mein Notizbuch,
dies meine Zeltbahn,
dies ist mein Handtuch,
dies ist mein Zwirn.

Quelle: Günter Eich: Inventur. In: Ders.: Abgelegene Gehöfte. Frankfurt/M.: Suhrkamp Verlag 1968, S. 38 f.

Kriegsheimkehrer mit Gepäck
Quelle: Süddeutsche Zeitung Photo, München

2 Weisen Sie nach, inwiefern dieses Gedicht von der Nachkriegssituation geprägt ist.
Beantworten Sie folgende Fragen:
a) In welcher Lage befindet sich das lyrische Ich?
b) Mit welchen Problemen befasst es sich?
c) Welche Grundstimmung lässt sich erkennen?
d) Mit welchen formalen Mitteln arbeitet der Autor?

NAME:

DATUM/KURS:

Wolfgang Borchert: Die Katze war im Schnee erfroren

Männer gingen nachts auf der Straße. Sie summten. Hinter ihnen war ein roter Fleck in der Nacht. Es war ein hässlicher roter Fleck. Denn der Fleck war ein Dorf. Und das Dorf, das brannte. Die Männer hatten es angesteckt. Denn die Männer waren Soldaten. Denn es war Krieg. Und der Schnee schrie unter ihren benagelten Schuhen. Schrie hässlich, der Schnee. Die Leute standen um ihre Häuser herum. Und die brannten. Sie hatten Töpfe und Kinder und Decken unter die Arme geklemmt. Katzen schrien im blutigen Schnee. Und der war vom Feuer so rot. Und er schwieg. Denn die Leute standen stumm um die knisternden seufzenden Häuser herum. Und darum konnte der Schnee nicht schrein. Einige hatten auch hölzerne Bilder bei sich. Kleine, in Gold und Silber und Blau. Da war ein Mann drauf zu sehen mit einem ovalen Gesicht und einem braunen Bart. Die Leute starrten dem sehr schönen Mann wild in die Augen. Aber die Häuser, die brannten und brannten und brannten doch.

Bei diesem Dorf lag noch ein anderes Dorf. Da standen sie in dieser Nacht an den Fenstern. Und manchmal wurde der Schnee, der mondhelle Schnee, sogar etwas rosa von drüben. Und die Leute sahen sich an. Die Tiere bumsten gegen die Stallwand. Und die Leute nickten im Dunkeln vielleicht vor sich hin.

Kahlköpfige Männer standen am Tisch. Vor zwei Stunden hatte der eine mit einem Rotstift eine Linie gezogen. Auf eine Karte. Auf dieser Karte war ein Punkt. Der war das Dorf. Und dann hatte einer telefoniert. Und dann hatten die Soldaten den Fleck in die Nacht rein gemacht: das blutig brennende Dorf. Mit den frierenden schreienden Katzen im rosanen Schnee. Und bei den kahlköpfigen Männern war wieder leise Musik. Ein Mädchen sang irgendwas. Und es donnerte manchmal dazu. Ganz weit ab.

Männer gingen abends auf der Straße. Sie summten. Und sie rochen die Birnbäume. Es war kein Krieg. Und die Männer waren keine Soldaten. Aber dann war am Himmel ein blutroter Fleck. Da summten die Männer nicht mehr. Und einer sagte: Kuck mal, die Sonne. Und dann gingen sie wieder. Doch sie summten nicht mehr. Denn unter den blühenden Birnen schrie rosaner Schnee. Und sie wurden den rosanen Schnee nie wieder los.

In einem halben Dorf spielten Kinder mit verkohltem Holz. Und dann, dann war da ein weißes Stück Holz. Das war ein Knochen. Und die Kinder, die klopften mit dem Knochen gegen die Stallwand. Es hörte sich an, als ob jemand auf eine Trommel schlug. Tock, machte der Knochen, tock und tock und tock. Es hörte sich an, als ob jemand auf eine Trommel schlug. Und sie freuten sich. Er war so hübsch hell. Von einer Katze war er, der Knochen.

Wolfgang Borchert (1921–1947) gehört mit seinen Kurzgeschichten und dem Theaterstück „Draußen vor der Tür“ zu den einflussreichsten Autoren der Nachkriegsliteratur. 1941 wurde er zum Kriegsdienst in die Wehrmacht eingezogen. Er wurde an der Front schwer verwundet und hatte mit Infektionen zu kämpfen. Mehrfach wurde er wegen Kritik am Regime des Nationalsozialismus und sogenannter Wehrkraftzersetzung verurteilt und inhaftiert.
Auch in der Nachkriegszeit litt Borchert stark unter den im Krieg zugezogenen Erkrankungen. Während eines Kuraufenthalts in der Schweiz starb er mit 26 Jahren an den Folgen seiner Lebererkrankung.
Bereits zu Lebzeiten war Borchert durch die Radioausstrahlung seines Heimkehrerdramas im Januar 1947 bekannt geworden, doch sein Publikumserfolg setzte vor allem posthum ein, beginnend mit der Theateruraufführung von „Draußen vor der Tür“ am 21. November 1947, einen Tag nach seinem Tod.

Quelle: nach: www.wikipedia.de
Foto: Ullstein Bild GmbH, Berlin

Quelle: Wolfgang Borchert: Die Katze war im Schnee erfroren. In: Ders.: Das Gesamtwerk. Hamburg/Stuttgart: Rowohlt Verlag 1949, S. 223 f.

3 Stellen Sie fest, wie Wolfgang Borchert in seinem Text die Forderungen aus dem „Manifest“ verwirklicht: Interpretieren Sie die Geschichte und berücksichtigen Sie dabei den Zusammenhang zwischen Erzähltechnik und Inhalt.

NAME:

DATUM/KURS:

Figuren und ihre Beziehungen beschreiben

Nils Mohl: Tanzen gehen (2009)

1 Welche Bedeutung hat der Titel der Kurzgeschichte „Tanzen gehen“ von Nils Mohl? Sammeln Sie spontan Ihre ersten Ideen in einem Cluster.

Tanzen gehen

Ausschnitt aus Dirty Dancing (1987)
Quelle: Dirty Dancing (1987), Regie: Emile Ardolino © Picture-Alliance (United Archive), Frankfurt

2 Betrachten Sie dieses Foto. Beschreiben Sie, wie die beiden Figuren auf Sie wirken. Welches Lebensgefühl geht von ihnen aus?

NAME:

DATUM/KURS:

Eine Kurzgeschichte produktiv erschließen

Nils Mohl: Tanzen gehen (2009)

Er steht im Badezimmer vor dem Spiegel, öffnet die oberen vier Knöpfe seines Hemdes, zieht den Kragen des T-Shirts nach unten und betrachtet die streichholzlange, strichartige Stelle zwischen Schlüsselbein und Brustwarze. Er berührt die Narbe und streicht mit den Fingern darüber hinweg. Die Narbe fühlt sich glatt an, ein bisschen wie Plastik. Wenn er dagegen drückt, verfärbt sie sich. In ein paar Monaten wird er sie vermutlich kaum noch wahrnehmen. Er hat eine ganz ähnliche Narbe am Kinn, seit über fünfzig Jahren schon, und eine viel größere am Unterschenkel. Überhaupt ist sein Körper voll von Narben. Die meisten sind für ihn inzwischen unsichtbar.

Er beugt sich vor, betrachtet seine Augen im Spiegel. Die Pupillen weiten sich ein Stück, dann ziehen sie sich wieder zusammen. Er streicht den Kragen seines T-Shirts glatt, knöpft das Hemd zu, betätigt die Klospülung. Er hat die Toilette nicht benutzt. Die Klospülung betätigt er, weil er nicht möchte, dass seine Frau Verdacht schöpft.

Alwin schaltet das Licht aus und verlässt das Bad. Er weiß an diesem Samstag wenig mit sich anzufangen.

Er könnte im Garten arbeiten, aber es nieselt draußen. Er könnte die Steuererklärung machen, er hat sich extra ein entsprechendes PC-Programm besorgt, und der Rechner läuft auch, doch er ist mit den Gedanken gerade woanders und biegt deshalb auch vom Flur nicht ins Arbeitszimmer ab, sondern landet im Wohnzimmer.

Ob er wieder vor dem Spiegel gestanden habe? Das ist die Frage, die Alwin von Ella, seiner Frau, eigentlich erwartet, aber Ella sagt bloß: Hier, der Sportteil.

Ella sitzt am Wohnzimmertisch, vor ihr ausgebreitet liegt die Zeitung: Geburtsanzeigen, Hochzeitsanzeigen, Todesanzeigen.

Eine Liza mit Zett, murmelt Ella vor sich hin, seltsam sieht das geschrieben aus, ganz ungewohnt.

Alwin nimmt den Sportteil zur Hand, setzt sich Ella gegenüber in den Sessel, liest aber nicht. Er blickt, die Zeitungsseiten auf den Knien, zu Ella und beobachtet, wie diese mit wachen Augen die Spalten mit den Geburts- und Hochzeitsanzeigen abfährt. Sie lacht des Öfteren leise auf oder quittiert hier und da einen ihrer Meinung nach allzu extravaganten Namen mit einem halb verblüfften, halb ironischen: *Wie kann man das seinem Kind nur antun!*, um dann nach kurzer Pause meist auch noch ein *Also wirklich!* oder *Ist das zu glauben?* hinzuzufügen.

Alwin räuspert sich. Er sagt aber nichts. Ella blättert die Seite um. Das Zeitungspapier raschelt. Alwin fragt: Warum schaust du dir das immer an?

Ella ist bei der Seite mit den Todesanzeigen angekommen. Was meinst du? Die Todesanzeigen?

Überhaupt, sagt Alwin, diese Anzeigen eben.

Kann ich nicht erklären, ich gucke, wie alt diese Leute geworden sind, ob man vielleicht jemanden davon gekannt hat …

Ella macht eine Pause, dann sagt sie: Warum nicht?

Sie schaut Alwin an, zuckt mit den Schultern. Alwin schaut zurück. Schon gut, nicht so wichtig, sagt er und blickt zum Fenster. Er sagt: Ich wollte ja eigentlich noch in den Garten, aber …

Alwin beendet den Satz nicht. Ella sagt: Morgen. Sie sagt: Vielleicht ist das Wetter morgen besser. Dann blickt sie wieder auf die Zeitungsseiten, auf die vielen, unterschiedlich großen, schwarzumrandeten Kästchen.

Alwin erhebt sich vom Sessel. Er geht in Richtung Fenster, macht aber nach ein paar Schritten vor dem Regal halt. Ella hat kürzlich die gerahmten Fotos, die dort stehen, neu arrangiert. Alwin betrachtet ein Porträt von sich, das er seit Jahren nicht mehr betrachtet hat. Es zeigt ihn als Mann von knapp dreißig Jahren.

Hier, diese Anzeige zum Beispiel, sagt Ella, da ist eine Frau ums Leben gekommen bei einem Unfall, mit 57.

Alwin starrt auf den Bilderrahmen, das Glas spiegelt die Silhouette seines Kopfes. Alwin lehnt sich mit dem Oberkörper ein Stück zurück, neigt den Kopf, versucht seinen Schattenriss mit dem Umriss des Porträts in Übereinstimmung zu bringen. Ella liest: Es war ein Leben, ausgefüllt mit viel Arbeit, Freude und Erfüllung in 27 wunderbaren Ehejahren. Sie war ein wunderbarer Mensch. Sie war mein Leben.

Alwin nimmt den Bilderrahmen vom Regal, dreht sich zu seiner Frau um. Ella schaut auf, sagt: Ist das nicht schön?

Alwin antwortet nicht. Dann, nachdem er den Rahmen zurück ins Regal gestellt hat, sagt er: Lass uns tanzen gehen. Er steht mit dem Rücken zum Regal, hat den Kopf geneigt, betrachtet die Armlehne des Sessels, das Teppichmuster, wirft dann einen Blick zu Ella. Sie sitzt wie zuvor auf dem Sofa, schaut ihn an. Alwin meint etwas wie Traurigkeit oder vielleicht auch Mitleid in ihren Augen zu lesen. Er wendet seinen Blick ab.

Tanzen gehen? Ella macht eine kurze Pause. Vor oder nach dem Essen?, fragt sie dann.

Alwin tritt einen Schritt zur Seite, stockt in der Bewegung, verlagert das Gewicht zurück auf das Standbein.

NAME:

DATUM/KURS:

Fortsetzung: Nils Mohl: Tanzen gehen (2009)

Mach dich nur lustig, sagt er und ist über die Schärfe seines Tons selbst ein wenig überrascht. Ruhiger setzt er deshalb noch hinzu: War nur ein Gedanke.

Ella seufzt.

Alwin zieht die Mundwinkel gequält nach oben, geht zum Wohnzimmerfenster. Er sagt: Ich wüsste, ehrlich gesagt, gar nicht, keine Ahnung … Disco, Seniorentanz? Alwin lacht kurz auf: Wo geht man denn heute hin? Wo könnte man denn hingehen? Leute wie wir.

Ella faltet die Zeitung zusammen. Alwin hört das Rascheln der Seiten, tritt dichter ans Fenster, schiebt seine Lippen vor, haucht einen kräftigen Stoß Atem gegen die Scheibe. Sie beschlägt. Er fragt: Soll ich Kartoffeln schälen?

Du könntest Musik auflegen, sagt Ella.

Alwin beobachtet das Verschwinden des Hauchflecks. Er fragt: Musik zum Kartoffelschälen?

Aber er weiß natürlich, was Ella meint. Er hat sich zu ihr umgedreht. Sie sitzt nach wie vor auf dem Sofa, hat sich aber jetzt gegen die Rückenpolster zurückgelehnt und die Hände im Schoß liegen. Alwin sagt: Komm her.

Ella lächelt.

Komm schon. Alwin macht eine auffordernde Bewegung mit dem Kopf. Ella erhebt sich vom Sofa. Alwin geht auf sie zu. Er winkelt seinen rechten Arm an, streckt seinen linken zur Seite hin aus. Ella steht vor ihm und amüsiert sich. Alwin sieht die Grübchen in ihren Wangen tiefer werden, aber sie legt die eine Hand auf seine Schulter und greift mit der anderen nach seiner Linken. So stehen sie da, in Tanzhaltung, und dann führt Alwin Ella rechtsherum und immer weiter im Eins-zwei-drei eines unhörbaren Walzertakts, und weder er noch Ella sagen irgendetwas. Schließlich streifen sie mit den Ellbogen leicht die Stehlampe, die bedenklich kippelt, und Alwin ruft ein *Ups!* und Ella ein *Oh!*, und beide haben Mühe, das Gleichgewicht zu halten.

Alwin spürt seinen Puls schlagen. Ella wischt sich eine Strähne aus dem Gesicht. Beide atmen sie flach. Alwin bemerkt die kleinen Schweißperlen auf ihrer Oberlippe. Er drückt den Rücken durch, spannt die Bauchmuskeln, zieht Ellas Körper dichter an seinen. Ob sie mit ihm ins Schlafzimmer käme, jetzt? Alwin nähert seinen Kopf Ellas Gesicht. Das Sofa.

Er fährt mit der einen Hand Ellas Rücken abwärts bis zur Hüfte, drängt seine Frau dabei ein wenig plump, wie es ihm vorkommt, zurück in Richtung des Platzes, an dem die Zeitung liegt. Ella fängt die Bewegung auf, wie selbstverständlich, mit einem Schritt zur Seite. Sie bleiben stehen.

Viel haben wir nicht verlernt, was meinst du?, sagt Ella.

Sie streichelt Alwin über die Wange. Dann legt sie ihm beide Hände, eine rechts, die andere links, auf die Schultern. Er riecht ihren Schweiß, ganz leicht nur – atmet tief ein.

Erst als Ella dann längst in der Küche ist, fallen Alwin ein paar Dinge ein, die er gerne gesagt hätte. Nichts Großartiges, aber er formuliert es sogar im Kopf. Er steht im Flur vor dem Garderobenspiegel, stopft sein Hemd zurück in den Bund der Hose. Alwin hört, wie Ella am Spülstein in der Küche hantiert. Sie lässt Wasser in einen Topf fließen. Alwin berührt einmal kurz durch die Kleidung hindurch die Stelle zwischen Brust und Schlüsselbein. Anschließend lässt er die Hand sinken und betrachtet sich im Spiegel, sein Gesicht, schaut sich in die Augen. Er beugt sich vor, bis seine Nase fast das Glas des Spiegels berührt, blickt auf. Seine Pupillen weiten sich ein Stück, dann ziehen sie sich wieder zusammen.

Quelle: Nils Mohl: Tanzen gehen. In: Ders.: Ich wäre tendenziell für ein Happy End. Storys. Leipzig: Plöttner Verlag 2009, S. 73–78.

1 Beschreiben Sie, wie Ella und Alwin auf Sie wirken.

2 Versetzen Sie sich in die Lage von Ella oder Alwin und scheiben Sie einen Tagebucheintrag, indem Sie die eben geschilderte Situation noch einmal reflektieren.

NAME:

DATUM/KURS:

Figuren und ihre Beziehungen in einer Kurzgeschichte analysieren

Nils Mohl: Tanzen gehen (2009)

1 Arbeiten Sie in Vierer-Gruppen heraus, wie Alwin und Ella konkret in dem Text „Tanzen gehen“ (vgl. KV 19, S. 33 f.) charakterisiert sind.
- Belegen Sie die Personencharakterisierungen am Text.
- Ziehen Sie dazu auch die Informationen unten hinzu.
- Tragen Sie Ihre Ergebnisse in die Tabelle ein.

	Textstellen, die Auskunft geben über		Merkmale/Charakterisierung der Beziehung
	Alwin	**Ella**	
Z. 1–50			
Z. 50–88			
Z. 88–126			
Z. 126–172			

2 Schreiben Sie eine Figurencharakterisierung von Alwin in Einzelarbeit. Belegen Sie Ihre Ergebnisse zu den Gründen seines Verhaltens mit konkreten Äußerungen und Verhaltensweisen.

3 Tauschen Sie sich über Ihren Text mit Ihren Mitschülern und Mitschülerinnen aus und geben Sie sich gegenseitig Rückmeldungen.

Info

Figurencharakterisierung
- Figuren können **direkt charakterisiert** werden: Andere Personen äußern sich über diese Figur oder sie gibt selbst Auskunft über sich.
- Figuren können **indirekt charakterisiert** werden durch die Art der Darstellung (durch ihre Kleidung, ihr Verhalten, ihre Mimik und Gestik), aus der der Leser Rückschlüsse auf das Wesen der Figur, ihre charakteristischen Gewohnheiten usw. ziehen kann.

NAME:

DATUM/KURS:

Grundformen des Erzählverhaltens verstehen

Es ist wichtig, sich klarzumachen, dass der Erzähler nicht mit dem Autor identisch ist. Vielmehr wählt der Autor den Erzähler, der dem Leser das Geschehen vermittelt. Der Autor wählt mit dem Erzähler auch eine bestimmte Erzählform: Er-/Sie-Erzähler oder Ich-Erzähler. Er wählt auch eine bestimmte Perspektive, aus der der Erzähler über die Geschehnisse erzählt: Innen- oder Außenperspektive.
Zu unterscheiden sind darüber hinaus unterschiedliche Grundformen des Erzählverhaltens. Auch wenn man die Grundformen kennt, wechseln Autoren oftmals die Erzählhaltung im Text. So kann etwa eine Szene auktorial beginnen, um dem Leser wichtige Informationen zu geben, und dann zum personalen Erzählverhalten übergehen. Es lohnt sich daher, sich das Erzählverhalten genauer anzusehen.

Info

Erzählform: Ich-Erzähler oder **Er-/Sie-Erzähler**

Erzählperspektive: bezeichnet die Position des Erzählers gegenüber den von ihm erzählten Geschehnissen (Nähe/Distanz): **Innen-** oder **Außenperspektive**

Erzählverhalten:
auktoriales Erzählverhalten:
- Der Erzähler ist allwissend, im Gegensatz zu den handelnden Figuren. Er ist rundum informiert; der Leser erhält – wenn der Erzähler es so will – ein vollständiges Bild der Situation, der Personenkonstellation, der Handlungsstränge. Er weiß, was geschehen ist und was geschehen wird. Er kennt die Gefühle und Gedanken seiner Figuren, kann ihr komplettes Innenleben ausleuchten. Der Erzähler bewertet und interpretiert das Geschehen.
  Darstellungsform des Erzählverhaltens: Bericht, Beschreibung, Kommentar, Wertung

personales Erzählverhalten:
- Erzählt wird aus der begrenzten Sichtweise einer Figur. Über ihr Innenleben erfahren wir vieles, denn wir sehen die Handlung durch ihre Augen. Wir wissen aber nichts über Vorgänge, die ihr verborgen sind oder die in der Zukunft liegen. Der Leser ist hier am nächsten am Geschehen: Wenn der Erzähler wegfällt, glaubt man, direkt die Aktion mitzuerleben.
  Darstellungsform der Figurenrede: direkte Rede, indirekte Rede, erlebte Rede, innerer Monolog

neutrales Erzählverhalten:
- Ereignisse, Situationen oder Personen werden hier streng sachlich und neutral beschrieben. Es gibt keinen kommentierenden oder wertenden Erzähler wie beim auktorialen Erzählverhalten oder detaillierte Informationen zum Innenleben der Figur wie beim personalen Erzählverhalten. Der Erzähler scheint ganz zu verschwinden.
  Darstellungsform der Figurenrede: Bericht, Beschreibung, meist direkte Rede, Dialog

1 Fassen Sie zunächst die Informationen zum Erzählverhalten in der Tabelle in Stichworten zusammen. Ergänzen Sie dann die Wirkung, die mit dem gewählten Erzählverhalten erreicht werden kann.

	Darstellungsform	**Wirkung**
auktoriales Erzählverhalten		
personales Erzählverhalten		
neutrales Erzählverhalten		

NAME:
DATUM/KURS:

2 Ordnen Sie die folgenden Textbeispiele dem jeweiligen Erzählverhalten zu.
Begründen Sie Ihre Entscheidung.

A Die meisten der rund fünftausend Hochzeitsgäste waren den Tränen nahe, als sie das wunderschöne Brautpaar sahen, das sie von Film, Funk und Fernsehen so gut kannten. Nur gut, dass sie noch nichts davon wussten, was die Zukunft den beiden bringen würde. Auch das Brautpaar selbst war von diesem Empfang so gerührt, dass es zu Taschentüchern greifen musste.

Erzählverhalten: ______________________________

Begründung: ______________________________

____

B Er wusste nicht, ob das richtig war, was jetzt gerade geschah. Sollte er es sich nicht noch mal überlegen? Aber das vor den zahlreichen Kameras und den Gästen? So viele Menschen warteten draußen vor der Kirche auf sie. Vor allem auf ihn. Flüchten? Und seine Karriere?

Erzählverhalten: ______________________________

Begründung: ______________________________

____

C Jetzt habe ich ihn! So lange habe ich auf diesen Augenblick gewartet. Kinder will er ja nicht, sagt er. Ich auch nicht, aber die Nacht nach unserer Premiere war schon wild. Und wenn es zur Scheidung kommt – das wird teuer! Wenn das alles nur bald vorbei ist und ich mein Korsett ablegen kann.

Erzählverhalten: ______________________________

Begründung: ______________________________

____

D Etwa 5000 Neugierige sind auf dem Platz vor der Kirche versammelt. Sie lassen es kaum zu, dass die alte Pferdekutsche mit dem glücklichen Paar vorfahren kann.
Jetzt ist der Augenblick gekommen! Viele von den Menschen, die schon seit Stunden gewartet haben, werfen ihnen Blumenbuketts zu. Was für ein Bild!

Erzählverhalten: ______________________________

Begründung: ______________________________

____

NAME:

DATUM/KURS:

Das Erzählverhalten untersuchen

Martin Suter: Weidmanns Nachtgespräch (2000)

1 Lesen Sie Martin Suters Erzählung „Weidmanns Nachtgespräch“ (vgl. die Klett-Edition „Vom Atem zum Stillstand. Kurzprosa von 1945–2010“, S. 56 f.). Bestimmen Sie das Erzählverhalten in diesem Text. Gehen Sie dabei von Zeile zu Zeile vor.

- Arbeiten Sie in drei Gruppen (Gruppe 1: Z. 1–20 / Gruppe 2: Z. 21–35 / Gruppe 3: Z. 36–57).
- Halten Sie mit Zeilenangabe fest, an welchen Stellen sich das Erzählverhalten ändert.
- Überlegen Sie: Welche Absicht könnte mit dem Wechsel verbunden sein?

Zeile	Erzählverhalten	Darstellungsform	Wirkung/Intention

2 Schreiben Sie eine Parallelgeschichte aus der Sicht des Mannes. Sie kann die gleiche Ausgangssituation wie der vorliegende Text haben oder ein anderes „Nachtgespräch“ zum Thema machen.

NAME:

DATUM/KURS:

Mit dem literarischen Wechselspiel des Erzählverhaltens/der Erzählperspektive umgehen

Marc-Uwe Kling: Perspektivische Verzerrungen (2009)

„Kannst du heute mal bezahlen?“, fragt das Känguru nach dem Essen.

„Heute?“, frage ich. „Mal?“, frage ich. „Ich muss immer bezahlen, weil du nie Geld mitnimmst.“

„Tja“, sagt das Känguru lächelnd. „So ist das in der Welt. Der eine hat den Beutel, der andere hat das Geld.“

„Ja, aber vielleicht hat der andere irgendwann keine Lust mehr, den einen durchzufüttern.“

„Welcher andere?“, fragt das Känguru.

„Na ich!“, sage ich.

„Ach, du immer mit deinem ich. Ich, ich, ich, ich, ich. Wie in deinen Geschichten: Ich wache auf. Ich gehe ans Telefon. Ich fahre Bahn. Ich sage, ich frage, ich denke, ich will.“

„Willst du damit kritisieren, dass ich nur Ich-Erzähler-Geschichten schreibe?“

„Nein, nein“, sagt das Känguru. „Jeder, wie er's kann. Das ist halt am einfachsten.“

„Ich könnte auch die Erzählperspektive wechseln“, sagte Marc-Uwe aufgebracht. „Jetzt bist du der Erzähler.“

Ich schüttelte den Kopf, steckte heimlich den Aschenbecher des Restaurants in meinen Beutel und sagte: „Das ändert doch nichts. Immer noch schreibst du als Ich-Erzähler.“

Marc-Uwe stutzte.

„Kein Problem. Kein Problem“, sagte er dann. „Allwissender Erzähler.“

Die Kritik an seinem Werk hatte die Aufmerksamkeit des braunhaarigen, mittelgroßen jungen Mannes so in Beschlag genommen, dass ihm darüber entging, dass das Känguru, welches in naher Zukunft eine böse Überraschung erleben würde, einmal mehr geschickt das Thema gewechselt hatte, um von seinen eigenen – finanziellen – Unzulänglichkeiten abzulenken.

„Moment mal!“, ruft Marc-Uwe. „Du willst doch hier bloß ablenken.“

Aber das Känguru hatte das Restaurant schon längst unauffällig verlassen.

Lange noch saß Marc-Uwe an seinem Tisch, dachte über das Geschehene nach und verfluchte seinen Kompagnon. Er konnte ja nicht wissen, dass das Känguru in diesem Moment auf der Straße von einem Bus, nein, einem Truck, einem 40-Tonner, dessen übermüdeter Fahrer immer wieder in Sekundenschlaf verfiel …

„Untersteh dich!“, rief das Känguru, welches plötzlich wieder zur Tür reinstürmte und zehn Euro auf den Tisch knallte.

„Hier! Und jetzt lass diesen ‚allwissend, allmächtig‘-Scheiß.“

„‚Okay‘, sage ich“, schrieb Marc-Uwe. Aber in Wahrheit hatte er Blut geleckt. Die nächste Geschichte würde er aus der Perspektive eines Aschenbechers schreiben. Eines heldenhaften Aschenbechers in Gefangenschaft eines heimtückischen Beuteltiers*.

** Das war alles ganz anders! (Anm. d. Kängurus)*

Quelle: Marc-Uwe Kling: Die Känguru-Chroniken. Ansichten eines vorlauten Beuteltieres. Berlin: Ullstein Buchverlag, 2009, S. 65 f.

1 Beschreiben Sie das Besondere an der Erzählweise dieses Textes.

2 Welche Fachbegriffe des Erzählverhaltens und der Erzählform verwendet der Erzähler?

3 Teilen Sie den Text in Abschnitte ein. Überlegen Sie dabei, wo sich die Art und Weise des Erzählens ändert. Erklären Sie auch die Bedeutung, die dieser Wechsel für den Text hat.

4 Greifen Sie den Vorschlag am Ende des Textes auf: Schreiben Sie eine Parallelgeschichte aus der Sicht des Aschenbechers.

NAME:

DATUM/KURS:

Möglichkeiten der Zeitgestaltung erkennen

*Bei der Zeitgestaltung geht es um das Verhältnis zwischen der Zeit, die man braucht, um eine Geschichte zu erzählen oder zu lesen (**Erzählzeit**), zu dem Zeitraum, über den sich die erzählte Geschichte erstreckt (**erzählter Zeit**). Drei Varianten sind grundsätzlich denkbar, die im Verlauf einer Geschichte aber auch wechseln können. Sie bestimmen das Erzähltempo eines epischen Textes.*

Info

1. Zeitraffung: Die Erzählzeit ist kürzer als die erzählte Zeit.
Das ist bei den meisten Texten der Fall, da die Handlung einen größeren Zeitraum umfasst, als benötigt wird, um sie zu erzählen. Dabei kann durch einen Zeitsprung eine größere Zeitspanne ausgelassen oder durch einen Erzählbericht zusammengefasst werden.

2. Zeitdeckung: Erzählzeit und erzählte Zeit stimmen überein.
Das ist v.a. dann der Fall, wenn es sich um szenisches Erzählen (Rede und Gegenrede) handelt.

3. Zeitdehnung: Die Erzählzeit ist länger als die erzählte Zeit.
Dies wird immer dann so sein, wenn längere Reflexionsphasen der Figuren oder des Erzählers in die Handlung eingeblendet werden.

Eine Rolle spielt auch, wie der Erzähler oder die Figuren mit der **Chronologie** der Ereignisse umgehen. Die Handlung kann dem linearen Ablauf der Ereignisse folgen, durch **Vorausdeutungen** unterbrochen werden, in denen ein auktorialer Erzähler auf spätere Folgen hinweist, oder durch **Rückblenden**, in denen vergangene Ereignisse nachgeholt werden.

1 Bestimmen Sie in folgenden Beispielsätzen, welches Verhältnis zwischen Erzählzeit und erzählter Zeit vorliegt.

A „In einem Hafen an einer westlichen Küste Europas liegt ein ärmlich gekleideter Mann in seinem Fischerboot und döst. Ein schick angezogener Tourist legt eben einen neuen Farbfilm in seinen Fotoapparat, um das idyllische Bild zu fotografieren: blauer Himmel, grüne See mit friedlichen schneeweißen Wellenkämmen, schwarzes Boot, rote Fischermütze. Klick."

Heinrich Böll: Anekdote zur Senkung der Arbeitsmoral

Die Erzählzeit ist ____________________ die erzählte Zeit. Wir sprechen also von ____________________.

B „Als der Führer in seinem Bunker in Berlin den Heldentod starb, grub mein Onkel Otto in seinem Vorgarten in Moosach ein Loch. Groß war das Loch, das mein Onkel Otto grub. So groß und geräumig, dass der tote Führer bequem darin Platz gefunden hätte."

Georg M. Oswald: Das Loch

Die Erzählzeit ist ____________________ die erzählte Zeit. Wir sprechen also von ____________________.

C „Guten Abend", sagte Ramona, „Entschuldigung, dass wir so spät kommen, aber ich musste noch auf Mehmet warten, sein Chef ließ ihn mal wieder das ganze Lager alleine aufräumen." Mehmet zog verlegen die Schultern hoch, lächelte und sagte: „Ich Chef sagen, heute ich Bilder von Türkei gucken, er nix wollen, er sagen, viel Arbeit, Bilder egal."

Rafik Schami: Mehmet

Die Erzählzeit ist ____________________ die erzählte Zeit. Wir sprechen also von ____________________.

NAME:

DATUM/KURS:

Figurencharakterisierung, Erzählverhalten und Zeitgestaltung in einem Text deuten

Botho Strauß: Frau auf der Bettkante (1987)

Aus dem Schlaf gerissen von seiner Abwesenheit, allein im gemeinsamen Hotelzimmer, vor Morgengrauen noch, die Hände zwischen die Knie gepresst, den Kopf leicht angehoben, den Blick zur Seite gesenkt – zur Besinnung kommen, heißt, es nicht fassen können.

Was soll ich tun? Eine Entscheidung treffen? Keine Entscheidung treffen? Warten? Handeln? Warten worauf? Handeln was? Er ist weg. Er ist wirklich abgereist! Hierbleiben, allein, auf dem Hotelzimmer?

Sein Jähzorn, Vernichtungskoller, seine unbeherrschte Bosheit. Sie musste sich wehren, und dann konnte sie nicht mehr zurück. Unmöglich, einzulenken. Jetzt, weit weg von zuhaus, plötzlich aus heiterem Himmel, Aufbruch im Zorn, das Ende. Er ist wirklich weg! Wie wenig kann ich ihm noch bedeuten, wenn er im Stande ist, tatsächlich abzureisen. Diesmal ist es ein tiefer, kalter Schnitt. Nicht wiedergutzumachen. Hin und her reißt es sie zwischen erbittertem Stolz und reumütigem Gewinsel. So kann er nicht umgehen mit einem anderen Menschen! Das muss er für immer wissen! Aber, was soll's, nur eine Episode, in Wirklichkeit nur ein kleiner fieser Zwischenfall in unserer langen, großen Geschichte. Eine Gewalttat, ja, abscheulich, aber sie zeigt doch aufs Neue: Nichts ist erschöpft zwischen uns, nichts gleichgültig geworden.

Was werde ich tun? Was fange ich an? Allein in dieser verdammten Stadt. Es ist noch so früh. Ich werde zu Mittag essen unten am Hafen. Genau dort, wo wir gestern waren. Ich werde ins Kino gehen. Einen Spaziergang machen im Park. Mit den alten Straßenbahnen fahren. Ich sitze in der Fremde fest. Verstehe die Sprache nicht. Alles um einen herum ist höhnische Maskerade.

Gestern noch war es gut zu ertragen. Einander die Arme um die Hüften gelegt. Viel gesehen, viel Freude gehabt. So viel gleiche Schritte! Was haben wir nicht alles schon hinter uns gebracht! Wie wenig bedeuten dagegen die wilden Störungen, Ausfälle, die immer wieder dazwischenfahren wie der Blitz. Letztlich gehören sie zu unserer Geschichte. Letztlich haben sie uns immer enger und kräftiger zusammengetrieben. Aber es gibt eine Grenze. Es gibt Verletzungen, die nicht mehr zu ertragen sind. Wunden, durch die auch die größte Geschichte langsam verrinnt und ausläuft. Das war exakt der falsche Zeitpunkt, mir seine Kaltblütigkeit zu beweisen. Seine angebliche Unabhängigkeit. Ort und Zeit exakt falsch gewählt. Dein erbärmlicher kleiner Stolz interessiert mich nicht, er stößt mich ab! Es ist in meinen Augen der Stolz eines zeternden Gnoms! Das bist nicht DU, und diese Brutalität, einfach davonzulaufen, diese lächerliche Strafaktion! Wozu das Ganze? Um mir eine Lehre zu erteilen? Mein Gott! Was für eine Kraftleistung an Rücksichtslosigkeit und Selbstüberschätzung! Oder gab es etwas, das ihn wirklich quälte? Nein. Der nackte Zorn. Sonst nichts.

Es kommt darauf an, den Tag einigermaßen planvoll einzuteilen. Bloß nicht hier sitzen bleiben! ... Aber weg vom Telefon? Das Telefon verlassen? Ein einziger Anruf könnte die Befreiung bringen. So ungeheuerlich er auch wäre. So unversöhnlich ich auch erwidern müsste. Nein, mein Freund, mein Herz, es geht nicht mehr ... Das Telefon. Es wäre zu erniedrigend, sich auch davon noch abhängig zu machen. Ich muss raus hier. Es heißt Lissabon, wo ich bin, und ich werde einfach hineingehen und sehen, sehen. Vielleicht später eine Weile vor den Bildern sitzen im Museum. Die nehmen einem etwas von der Fremde. Ein Tag, zwei Tage. Eine halbe Woche vielleicht. Ich werde ihm ganz bestimmt nicht nachreisen. Ich schreibe einen Brief. Ich schreibe keinen Brief.

Er soll sich wundern, bloß das. Oh, es ist zu schlimm. Ich kann es nicht fassen, ich kann mich nicht rühren. Es übertrifft alles, was an Gemeinem bisher geschah. Meine Liebe braucht keinen Peitschenhieb, sie ist nicht müd! Aber, wenn ich's mir vorstelle jetzt, plötzlich käm er herein, sich anstarren und umarmen, lichterloh, alles vergeben-vergessen. Nein. Kann ich mir nicht vorstellen. Ich bin ziemlich sicher, dass ich es weder wünsche noch könnte. Diesmal ist es ein Riss, und eine Spur ist da, die zum Ausgang führt. Er wird der Verlierer sein und er wird sich wundern, wie er leiden muss. Mein Mut wird hart, ich merke es und es erleichtert mich.

Sicher ist nicht einmal, ob er heut noch bis nach Hause kommt.

Vielleicht fährt er ein paar Tage in die Schweiz. Vielleicht zum Bruder. Sicher ist nur, dass er in der Maschine nach Frankfurt sitzt. Sitzt wie? Die Zeitung liest. Whisky trinkt, den Imbiss nimmt? ... Ich bin ihn nicht los – er ist mich nicht los. Da mag er sich gediegen zurücklehnen in welchem Sessel und an welchem Ort des Himmels und der Erde auch immer.

Quelle: Botho Strauß: Die Frau auf der Bettkante. In: Ders.: Niemand anderes. München/Wien: Hanser Verlag 1987, S. 12 ff.

1 Bestimmen Sie die Zeitgestaltung in diesem Text. Beziehen Sie auch das Erzählverhalten und die Figurencharakterisierung mit ein.

2 Wie charakterisiert der Autor seine Zentralfigur? Verfassen Sie einen kurzen Text, in dem Sie Ihre Ergebnisse zusammenfassen.

NAME:

DATUM/KURS:

Übungsklausur für Schüler

Helga M. Novak: Schlittenfahren (1968)

Das Eigenheim steht in einem Garten. Der Garten ist groß. Durch den Garten fließt ein Bach. Im Garten stehen zwei Kinder. Das eine der Kinder kann noch nicht sprechen. Das andere Kind ist größer. Sie sitzen auf einem Schlitten. Das kleinere Kind weint. Das größere sagt, gib den Schlitten her. Das kleinere weint. Es schreit.

Aus dem Haus tritt ein Mann. Er sagt, wer brüllt, kommt rein. Er geht in das Haus zurück. Die Tür fällt hinter ihm zu.

Das kleinere Kind schreit.

Der Mann erscheint wieder in der Haustür. Er sagt, komm rein. Na wirds bald. Du kommst rein. Wer brüllt, kommt rein. Komm rein.

Der Mann geht hinein. Die Tür klappt.

Das kleinere Kind hält die Schnur des Schlittens fest. Es schluchzt.

Der Mann öffnet die Haustür. Er sagt, du darfst Schlitten fahren, aber nicht brüllen. Wer brüllt, kommt rein. Ja. Ja. Jaaa. Schluss jetzt.

Das größere Kind sagt, Andreas will immer allein fahren.

Der Mann sagt, wer brüllt, kommt rein. Ob er nun Andreas heißt oder sonst wie.

Er macht die Tür zu.

Das größere Kind nimmt dem kleineren den Schlitten weg. Das kleinere Kind schluchzt, quietscht, jault, quengelt.

Der Mann tritt aus dem Haus. Das größere Kind gibt dem kleineren den Schlitten zurück. Das kleinere Kind setzt sich auf den Schlitten. Es rodelt.

Der Mann sieht in den Himmel. Der Himmel ist blau. Die Sonne ist groß und rot. Es ist kalt.

Der Mann pfeift laut. Er geht wieder ins Haus zurück. Er macht die Tür hinter sich zu.

Das größere Kind ruft, Vati, Vati, Vati, Andreas gibt den Schlitten nicht mehr her.

Die Haustür geht auf. Der Mann steckt den Kopf heraus. Er sagt, wer brüllt, kommt rein. Die Tür geht zu.

Das größere Kind ruft, Vati, Vativativati, Vaaatiii, jetzt ist Andreas in den Bach gefallen.

Die Haustür öffnet sich einen Spalt breit. Eine Männerstimme ruft, wie oft soll ich das noch sagen, wer brüllt, kommt rein.

Quelle: Helga M. Novak: Schlittenfahrt. In: Dies.: Aufenthalt in einem irren Haus. Gesammelte Prosa. Frankfurt/M.: Schöffling & Co. Verlagsbuchhandlung 1995, S. 82 f.

1 Interpretieren Sie diese Kurzgeschichte.

NAME:
DATUM/KURS:

Erwartungshorizont

Die Kurzgeschichte von Helga M. Novak „Schlittenfahren“ ist 1968 entstanden. Sie beschreibt sehr anschaulich die Hilflosigkeit von Erwachsenen im Umgang mit ihren Kindern. Thematisch macht sie auf die mangelnde bzw. misslingende Kommunikation zwischen einem Vater und seinen beiden Kindern aufmerksam und übt so deutliche Kritik an der Gesellschaft der späten sechziger Jahre.
Der Text ist äußerst handlungsarm: Zwei Kinder spielen in einer winterlichen Landschaft im Garten gemeinsam mit einem Schlitten. Durch diesen Garten fließt ein Bach.
Der Vater der Kinder bleibt im Haus. Zwischen beiden Kindern kommt es zu einem Streit um den einen Schlitten. Vor allem das kleinere Kind weint, schreit, quengelt, um seinen Willen durchzusetzen. Durch den Lärm veranlasst, tritt der Vater aus dem Haus und versucht, durch eine Drohung die Ordnung wiederherzustellen („wer brüllt, kommt rein“, Z. 8 f.). In insgesamt fünf identischen Situationen wiederholt der Vater diese Äußerung. Seine Drohung bleibt jedoch verbal, die Kinder reagieren entsprechend, weil sie zu wissen scheinen, dass die Worte folgenlos bleiben. Dem Vater ist offensichtlich nicht daran gelegen, sich auf den Streit der Kinder einzulassen oder eine Lösung zu finden. Seine Reaktion gilt lediglich dem Lärm, den die Kinder produzieren. Er will seine Ruhe behalten und mit ihnen möglichst wenig zu tun haben. Seine Drohungen treiben die Handlung nicht voran; ihre ständige Wiederholung wirkt wie ein rituelles Programm, das allen bekannt ist und nichts verändert. Das bleibt auch dann so, als das kleine Kind in den Bach fällt. Auf den Hilferuf seines Ältesten reagiert der Vater mit der gleichen Wortwahl wie zu Beginn, er bleibt passiv, hilft nicht. Er verhält sich in diesem Text nicht so, wie man es von einem fürsorglichen, verantwortungsbewussten Vater erwarten würde. Er geht nicht auf seine Kinder ein, hört ihnen nicht zu, interessiert sich offensichtlich nicht für sie.

Ungewöhnlich – zumindest für die Familiensituation der sechziger Jahre – erscheint die Familienkonstellation. In der Kurzgeschichte ist vom "Mann" und von "Kindern" die Rede, Frauen spielen keine Rolle. An keiner Stelle erfahren wir etwas über die Mutter. Die Abwesenheit der Mutter lässt die Hilflosigkeit des Vaters in besonderer Weise spüren. Gründe für sein Verhalten bleiben spekulativ – überfordert, egoistisch, unfähig, bequem; es ist schließlich auch irrelevant, was ihn konkret dazu bringt, nicht einzugreifen. Wichtiger erscheint die dahinter stehende generelle Haltung, das Desinteresse am Verhalten der Kinder.

Die Handlung der Kurzgeschichte wird aus neutraler Erzählperspektive beschrieben, was den Leser von der Handlung distanziert. Es drängt sich das Bild einer Bühne mit abstrakten Requisiten und Kulissen auf. Verstärkt wird dieser Eindruck durch die nüchterne Wortwahl und den monotonen Satzbau. Es gibt keine schmückenden Adjektive, keine Bewertungen des Erzählers. Die Emotionslosigkeit der Sprache wird durch die ständigen Wortwiederholungen betont. Die Syntax besteht fast ausschließlich aus sehr kurzen Hauptsätzen im Präsens. Wörtliche Rede, die einen sehr großen Teil des Textes bestreitet, ist nicht gesondert gekennzeichnet und unterscheidet sich formal nicht vom übrigen Text. Die Personen werden nicht individualisiert. Nähere Angaben gibt es lediglich über das eine Kind, das Andreas heißt und noch nicht sprechen kann. Aber auch diese Annäherung wird zurückgenommen, wenn es heißt „ob er nun Andreas heißt oder sonst wie“ (Z. 24 f.). Auffallend ist jedoch die Unterteilung des Textes in viele Absätze. Der erste – und gleichzeitig längste – Absatz liefert den für die Kurzgeschichte typischen unvermittelten Einstieg. Der Leser wird mit einer zunächst idyllischen Situation konfrontiert. Sie löst sich allerdings schnell in der Wiederholung fast identischer Handlungsschritte auf, in denen die Idylle immer mehr an Bedeutung verliert, bis der offene Schluss die Katastrophe nahelegt. Damit soll vermutlich der Leser zum Nachdenken über die Kommunikationsunfähigkeit in der Familie angeregt werden.
Die Anonymisierung erscheint sinnvoll, verallgemeinert sie doch die Aussage des Textes. Helga M. Novak bewahrt Abstand zu den Personen dieser Geschichte. Der Leser kommt ihnen nicht zu nahe und kann somit keine Beziehung zu ihnen aufbauen.

Die Autorin fordert dazu auf, „Schlittenfahren“ nicht als Einzelgeschehen zu betrachten, sondern in einen viel größeren, komplexeren Zusammenhang zu stellen. Die Kommunikation zwischen Kindern und Erwachsenen scheitert an der Interesselosigkeit der Erwachsenen. Die Kinder wachsen im Wohlstand der gutbürgerlichen Eigenheim-mit-Garten-Situation auf. Sie scheitern und gehen zugrunde, wenn dieser Wohlstand erkauft wird durch eine zunehmende Distanz zu den Eltern. Dieser Einzelfall kann damit paradigmatisch auf die Wohlstandsgesellschaft der sechziger Jahre projiziert werden.

Klausurvorschlag für die Lehrkraft

Franz Kafka: Fürsprecher (1922)

Es war sehr unsicher, ob ich Fürsprecher hatte, ich konnte nichts Genaues darüber erfahren, alle Gesichter waren abweisend, die meisten Leute, die mir entgegenkamen, und die ich wieder und wieder auf den Gängen traf, sahen wie alte dicke Frauen aus, sie hatten große, den ganzen Körper bedeckende, dunkelblau und weiß gestreifte Schürzen, strichen sich den Bauch und drehten sich schwerfällig hin und her. Ich konnte nicht einmal erfahren, ob wir in einem Gerichtsgebäude waren. Manches sprach dafür, vieles dagegen. Über alle Einzelheiten hinweg erinnerte mich am meisten an ein Gericht ein Dröhnen, das unaufhörlich aus der Ferne zu hören war, man konnte nicht sagen, aus welcher Richtung es kam, es erfüllte so sehr alle Räume, daß man annehmen konnte, es komme von überall oder, was noch richtiger schien, gerade der Ort, wo man zufällig stand, sei der eigentliche Ort dieses Dröhnens, aber gewiß war das eine Täuschung, denn es kam aus der Ferne. Diese Gänge, schmal, einfach überwölbt, in langsamen Wendungen geführt, mit sparsam geschmückten hohen Türen, schienen sogar für tiefe Stille geschaffen, es waren die Gänge eines Museums oder einer Bibliothek. Wenn es aber kein Gericht war, warum forschte ich dann hier nach einem Fürsprecher? Weil ich überall einen Fürsprecher suchte, überall ist er nötig, ja man braucht ihn weniger bei Gericht als anderswo, denn das Gericht spricht das Urteil nach dem Gesetz, sollte man annehmen. Sollte man annehmen, daß es hierbei ungerecht oder leichtfertig vorgehe, wäre ja kein Leben möglich, man muß zum Gericht das Zutrauen haben, daß es der Majestät des Gesetzes freien Raum gibt, denn das ist seine einzige Aufgabe, im Gesetz selbst aber ist alles Anklage, Fürspruch und Urteil, das selbständige Sicheinmischen eines Menschen hier wäre Frevel. Anders aber verhält es sich mit dem Tatbestand eines Urteils, dieser gründet sich auf Erhebungen hier und dort, bei Verwandten und Fremden, bei Freunden und Feinden, in der Familie und in der Öffentlichkeit, in Stadt und Dorf, kurz überall. Hier ist es dringend nötig, Fürsprecher zu haben, Fürsprecher in Mengen, die besten Fürsprecher, einen eng neben dem andern, eine lebende Mauer, denn die Fürsprecher sind ihrer Natur nach schwer beweglich, die Ankläger aber, diese schlauen Füchse, diese flinken Wiesel, diese unsichtbaren Mäuschen, schlüpfen durch die kleinsten Lücken, huschen zwischen den Beinen der Fürsprecher durch. Also Achtung! Deshalb bin ich ja hier, ich sammle Fürsprecher. Aber ich habe noch keinen gefunden, nur diese alten Frauen kommen und gehen, immer wieder; wäre ich nicht auf der Suche, es würde mich einschläfern. Ich bin nicht am richtigen Ort, leider kann ich mich dem Eindruck nicht verschließen, daß ich nicht am richtigen Ort bin. Ich müßte an einem Ort sein, wo vielerlei Menschen zusammenkommen, aus verschiedenen Gegenden, aus allen Ständen, aus allen Berufen, verschiedenen Alters, ich müßte die Möglichkeit haben, die Tauglichen, die Freundlichen, die, welche einen Blick für mich haben, vorsichtig auszuwählen aus der Menge. Am besten wäre dazu vielleicht ein großer Jahrmarkt geeignet. Statt dessen treibe ich mich auf diesen Gängen umher, wo nur diese alten Frauen zu sehn sind, und auch von ihnen nicht viele, und immerfort die gleichen und selbst diese wenigen, trotz ihrer Langsamkeit, lassen sich von mir nicht stellen, entgleiten mir, schweben wie Regenwolken, sind von unbekannten Beschäftigungen ganz in Anspruch genommen. Warum eile ich denn blindlings in ein Haus, lese nicht die Aufschrift über dem Tor, bin gleich auf den Gängen, setze mich hier mit solcher Verbohrtheit fest, daß ich mich gar nicht erinnern kann, jemals vor dem Haus gewesen, jemals die Treppen hinaufgelaufen zu sein. Zurück aber darf ich nicht, diese Zeitversäumnis, dieses Eingestehn eines Irrwegs wäre mir unerträglich. Wie? In diesem kurzen, eiligen, von einem ungeduldigen Dröhnen begleiteten Leben eine Treppe hinunterlaufen? Das ist unmöglich. Die dir zugemessene Zeit ist so kurz, daß du, wenn du eine Sekunde verlierst, schon dein ganzes Leben verloren hast, denn es ist nicht länger, es ist immer nur so lang wie die Zeit, die du verlierst. Hast du also einen Weg begonnen, setze ihn fort, unter allen Umständen, du kannst nur gewinnen, du läufst keine Gefahr, vielleicht wirst du am Ende abstürzen, hättest du aber schon nach den ersten Schritten dich zurückgewendet und wärest die Treppen hinuntergelaufen, wärst du gleich am Anfang abgestürzt und nicht vielleicht, sondern ganz gewiß. Findest du also nichts hier auf den Gängen, öffne die Türen, findest du nichts hinter diesen Türen, gibt es neue Stockwerke, findest du oben nichts, es ist keine Not, schwinge dich neue Treppen hinauf. Solange du nicht zu steigen aufhörst, hören die Stufen nicht auf, unter deinen steigenden Füßen wachsen sie aufwärts.

Text in alter Rechtschreibung
Quelle: Franz Kafka: Fürsprecher. In: Ders: Sämtliche Erzählungen. Hrsg. v. Paul Raabe. Frankfurt/M: Fischer Taschenbuch Verlag, 1970, S.322 f.

1 Interpretieren Sie diesen Kurzprosatext.

NAME:

DATUM/KURS:

Erwartungshorizont

Entstanden ist die Erzählung „Der Fürsprecher“ von Franz Kafka wohl 1922. Sie zeigt einen anonymen, verunsicherten Ich-Erzähler, der sich mächtigen Instanzen ausgeliefert sieht. Er ist isoliert und sucht daher nach „Fürsprechern“, auch wenn die Aussicht gering ist, sie tatsächlich zu finden. Die Handlung ist weitgehend in das Innere des Erzählers verlagert, die Außenwelt erscheint fremd und unbegreiflich. Der Text setzt unvermittelt ein. Der Erzähler berichtet über seine Suche nach „Fürsprechern“. Er befindet sich an einem unbekannten, nicht näher spezifizierten Ort, möglicherweise einem „Gerichtsgebäude“ (Z. 9 f.). Im zweiten Abschnitt (Z. 23–51) teilt er den Zweck dieser Suche nach Fürsprechern mit: Ein Fürsprecher, heißt es, sei „überall nötig“ (Z. 26), besser noch „Fürsprecher in Mengen“ (Z. 41), die einen vor „Ankläger(n)“ (Z. 44) zu schützen vermögen.
Im dritten Abschnitt (Z. 51–73) entdeckt der Erzähler, „nicht am richtigen Ort“ zu sein (Z. 52). Aus ihm selbst unerfindlichen Gründen sei er „blindlings“ in dieses Haus gelaufen (Z. 68) und sieht sich dort weit von seinem Ziel entfernt. Ein Rückweg ist ihm verwehrt – „Zurück aber darf ich nicht“ (Z. 73 f.).
Der vierte Abschnitt (Z. 73–94) lässt erkennen, dass angesichts der Kürze des Lebens eine Umkehr fatal wäre. Daher bleibe nur das Weitergehen, „neue Treppen hinauf“ (Z. 91 f.), auf einem Weg, der unendlich währt, „solange du nicht zu steigen aufhörst“ (Z. 92). Von einem Ziel ist nicht die Rede.
Die Erzählung wird im ersten Abschnitt aus der begrenzten Ich-Perspektive vermittelt. Im zweiten Abschnitt folgen Reflexionen über allgemeine Bedingungen und Verhältnisse vor Gericht, denen im dritten Abschnitt ein persönliches Überdenken der eigenen Situation folgt. Der Appell an ein vages „Du“ (Z. 78) gibt den Überlegungen einen überindividuellen Charakter, einen Anspruch von Allgemeingültigkeit. Er kann aber ebenso gut als fiktiver Dialog des Erzählers mit sich selbst gedeutet werden. Die Zeitstruktur des Textes wechselt von einem zeitraffenden Einstieg im ersten Abschnitt zu einem zeitdeckenden Verfahren in den folgenden Zeilen, die chronologisch den Überlegungen des Erzähler-Ichs folgen. Äußeres Geschehen spielt keine Rolle mehr.
Die Sprache des Textes ist geprägt durch parataktische Satzkonstruktionen. Sie werden unterstützt durch zahlreiche Wortwiederholungen und die Wiederaufnahme von Satzteilen. Häufig finden sich Schlüsselbegriffe („Fürsprecher“, „Gericht“, „Urteil“). Die „Ankläger“ werden mit Tiermetaphern charakterisiert, deren Eigenschaften („schlau“, „flink“, „unsichtbar“) an Fabeltexte erinnern (Z. 44 ff.). Die Metaphorik der endlosen Treppen und der Gefahr des Absturzes könnte auf den Lebensweg des Menschen verweisen, sie besitzt aber auch den Charakter von Albträumen, in denen sich fundamentale Konflikte nachts Raum schaffen. Es sind vor allem Aussagesätze, die diesen Text prägen. Vier Fragen/Fragesätze und ein Ausruf sind eingeschoben, die dem inneren Monolog des Erzählers mehr Nachdruck verleihen. Mit diesem Set wird der Eindruck von Faktizität vermittelt, als gehe es tatsächlich um ein sachliches Konstatieren von Fakten, von unumstößlichen Wahrheiten, die der Erzähler mitteilt. Sie werden allerdings aufgebrochen von zahlreichen konjunktivischen Formulierungen, die erkennen lassen, dass der Erzähler sich selbst in Frage stellt, unsicher wird. Der Wechsel von äußerem und innerem Geschehen wird durch den Zeitwechsel von Präteritum zu Präsens akzentuiert.
Die Erzählung Franz Kafkas erinnert an Texte wie „Der Proceß“ (1914/15) oder „Das Schloss“ (1922), in denen ebenfalls ein labyrinthischer, undurchschaubar bürokratischer Apparat dominiert, der jeden Einzelnen kontrolliert und dabei unnahbar und unerreichbar bleibt. Einer nicht greifbaren bedrohlichen Hierarchie ausgesetzt, sieht sich der Erzähler mit Schuld und Bestrafung konfrontiert, ohne sich dem System entziehen zu können. Klar ist er sich nur darüber, dass das Gericht „der Majestät des Gesetzes freien Raum gibt“ (Z. 31 f.), es damit unangreifbar ist. Seiner Macht ist er unterworfen und kann allenfalls versuchen, durch Helfer der Isolation zu entkommen. Dabei ist er allerdings unsicher, ob ihm das gelingen wird – aber eine Abkehr von seiner Suche erscheint ihm grauenhafter als die Fortsetzung. Der Schluss der Erzählung deutet immerhin eine optimistische Perspektive an. Ein Weitersteigen auf „neue[n] Treppen“ (Z. 91 f.) bedeutet weiterzuleben, sich nicht wie Josef K. am Ende des Romans „Der Proceß“ in sein Schicksal zu ergeben. Andererseits deutet das ständige Suchen nach „Fürsprechern“ auf ein geringes Selbstbewusstsein des Erzählers, der in seiner Angst und seinem Schuldbewusstsein verharrt.
Franz Kafkas Erzählung hat den Charakter einer Parabel. Sie verdeutlicht die ausweglose Lage des isolierten Menschen, der sich der Übermacht einer anonymen Autorität (hier des Gerichts) ausgesetzt sieht und verzweifelt nach Unterstützung sucht, ohne sich auf seine eigene Kraft zu verlassen. Er fühlt sich schuldig, ohne zu verstehen, worin diese Schuld bestehen könnte. In seiner Verunsicherung hat er nicht den Mut, einen einmal eingeschlagenen Weg zu verlassen, und verstrickt sich damit immer mehr in seine Unmündigkeit.
Diese ausweglose Situation ist typisch für Kafka, dessen Texte immer wieder Menschen schildern, welche sich in einer bedrohlichen Lage befinden, die sie nicht verstehen und auch nicht lösen können.

Kompetenzraster: Einen Interpretationsaufsatz beurteilen (Kurzprosa)

Kriterien	Niveau A	Niveau B	Niveau C
Analysekompetenz			
Angemessenheit/ Tiefe des Textverständnisses	Die Grundaussage des Textes ist in groben Zügen erfasst.	Das Textverständnis ist im Wesentlichen angemessen.	Der Text wird umfassend und differenziert erfasst.
Differenziertheit und Kohärenz („roter Faden") der Analyse	Die Analyse zeigt Grundstrukturen einer aspektorientierten Untersuchung (z. B. Thema, Erzählverhalten, Figurencharakterisierung).	Die wesentlichen Aspekte einer Analyse sind berücksichtigt; die Analyse orientiert sich erkennbar an dem inhaltlichen Gesamtverständnis (Kohärenzmerkmal: Deutungshypothese).	Die Analyse geht von einem präzisen Gesamtverständnis des Textes aus (Kohärenz); die für die Parabel zentralen Analysegesichtspunkte werden klar und differenziert erschlossen.
Anwenden der für die Erschließung des Textes erforderlichen Kenntnisse (Fachbegriffe, Wissen, Methoden)	Die Grundlagen einer fachlichen Erschließung sind vorhanden; Verwendung von Fachbegrifflichkeit (z. B. einzelne stilistische Figuren, Formen der Bildlichkeit; literaturgeschichtliches Orientierungswissen) ist in Grundzügen vorhanden.	Es besteht weitgehende Sicherheit im Umgang mit fachlichen Methoden und Begriffen sowie die Fähigkeit, Parabelwissen auf den Text anzuwenden.	Der Umgang mit fachlichen Methoden und Begriffen erfolgt sicher und differenziert; Kenntnisse über das Genre Parabel werden differenziert und kritisch angewandt.
Ergiebigkeit und Überzeugungskraft der Analyseergebnisse	Die Ergebnisse sind einfach, wenig umfangreich, in der Regel sachlich richtig; die Zusammenstellung der Ergebnisse wirkt additiv.	Die Analyseergebnisse sind umfangreicher, für das Textverständnis wichtig und sachlich weitestgehend richtig; sie sind in ihrer Bedeutung gewichtet.	Die Analyseergebnisse sind sehr umfangreich, in ihrer Bedeutung klar gewichtet (und entsprechend ausgearbeitet).
Fähigkeit, Einzelheiten für die Gesamtuntersuchung exemplarisch fruchtbar zu machen	Die Fähigkeit, Gestaltungsmittel in ihrer Funktionalität (z. B. Funktion der Perspektive, der Figurencharakterisierung, des Satzbaus) auszuwerten, ist im Ansatz vorhanden.	Wichtige Gestaltungsmittel werden in der Regel erkannt und in ihrer Funktionalität ausgewertet.	Für die Parabel zentrale Gestaltungsmittel werden erkannt und in ihrer Funktionalität überzeugend ausgewertet.
Eigenständigkeit und Zielbewusstsein	Vorwiegend erfolgt eine Reproduktion von methodischen Verfahren und geübten Teilelementen der Analyse; Paraphrasen; im Gesamtbild additiv.	Die Erschließung ist nicht nur vom Verfahren, sondern auch vom Text gelenkt; Beispiele selbstständiger Schwerpunktbildung sind vorhanden.	Es erfolgt eine textbezogene Analyse mit klar begründeter selbstständiger Schwerpunktsetzung; exemplarische Vertiefungen sind erkennbar.
Darstellungskompetenz			
Textaufbau: gedankliche Klarheit und Schlüssigkeit **Textnorm:** E-H-S-Struktur, Abschnittbildung, korrektes Zitieren, Präsens, Sachlichkeit	Der Aufsatztext ist äußerlich erkennbar gegliedert; die Textnormen/-regeln werden in Grundzügen eingehalten.	Der Textaufbau ist inhaltlich nachvollziehbar und klar gegliedert; die Textnormen werden weitgehend sicher beherrscht.	Der Textaufbau ist schlüssig; die Textnormen werden vollständig und überzeugend eingehalten.
Sprachliche Gestaltung: Verständlichkeit, Kohäsion, variabel in Wortschatz/ Ausdruck und Satzbau	Der Text ist meist, aber nicht immer, flüssig zu lesen; Wiederholungen, ein einfacher Satzbau, nur wenige Kohäsionssignale, sprachliche Schablonen prägen die Arbeit.	Der Text ist weitestgehend klar verständlich und meistens flüssig verfasst.	Der Text ist flüssig verfasst, klar verständlich und lässt Originalität und Sprachbewusstsein/sprachlichen Gestaltungswillen erkennen.
Sprachliche Richtigkeit (R, Z, SB, A, St, Gr)	Der Aufsatz ist fehlerhaft, dies teilweise auch in einfachen Sprachbereichen.	Der Aufsatz ist sprachlich weitgehend richtig; es sind einzelne Fehler vorhanden, die aber nicht stören.	Der Aufsatz ist sprachlich fehlerfrei; nur kleinere Flüchtigkeitsfehler sind vorhanden.

NAME:

DATUM/KURS:

Niveaudifferenzierung für die Interpretation von Franz Kafka: Fürsprecher

	NIVEAU A	NIVEAU B	NIVEAU C
Inhalt und Thema	Die Schülerinnen und Schüler haben die Unsicherheit des Ich-Erzählers erfasst, ohne aber seine Situation differenzieren zu können. Als Thema nennen sie vage Unselbstständigkeit und Hilfesuche.	Die Schülerinnen und Schüler können die Haltung der Erzählfigur dem Gericht gegenüber differenzieren. Sie erkennen als Thema die Angst, anonymen Mächten ausgesetzt zu sein.	Die Schülerinnen und Schüler charakterisieren präzise den Fokus der Parabel: eine von Schuldbewusstsein und Angst geprägte Existenz in einer rätselhaften, dem Individuum feindlich gegenüberstehenden Welt. Als Thema nennen sie gestörte menschliche Beziehungen, die sich als Gefühl der Isolation äußern.
Struktur des Textes	Es liegt eine weitgehend paraphrasierende Beschreibung des Textes vor. Die mehrteilige Struktur wird zwar benannt, aber nicht präzise nachgewiesen.	Die Schülerinnen und Schüler erkennen den vierstufigen Aufbau der Parabel. Ansatzweise wird auch die Funktion (Steigerung bis zur Erkenntnis, nicht umkehren zu können) erkannt.	Die Schülerinnen und Schüler erkennen, dass der Leser durch den Appell an ein „Du" direkt am Geschehen teilnimmt. Die Unsicherheit des Erzählers wird in vier Abschnitten präzise unterschieden: – der unvermittelten, von verwirrenden Eindrücken geleiteten Exposition, – der Argumentation über die Unentbehrlichkeit von Fürsprechern, – dem Zweifel über die Wahl des richtigen Aufenthaltsortes, – der Unmöglichkeit, umkehren zu können.
Erzähler	Die Schülerinnen und Schüler erkennen, dass der Text aus der begrenzten personalen Perspektive eines Ich-Erzählers vermittelt wird.	Die Schülerinnen und Schüler erkennen, dass die Erzählerposition zwischen einer persönlichen Reflexion der eigenen Position und dem Abwägen grundsätzlicher Fragen changiert.	Die Schülerinnen und Schüler unterscheiden zwischen dem personalen Erzählverhalten im 1. Abschnitt, einer objektivierenden Erörterung im 2. Abschnitt, der erneuten persönlichen Reflexion im 3. Abschnitt und der Wendung an ein „Du" im letzten Abschnitt. Sie benennen die Funktion der Nuancierungen, die auf den Wechsel von innerer Unsicherheit und dem Versuch, durch allgemeine Maximen dieser Situation zu entkommen, verweist.
Raum und Zeit	Die Schülerinnen und Schüler benennen allgemein das Gerichtsgebäude als Handlungsraum.	Die Schülerinnen und Schüler erkennen, dass das geheimnisvolle Gebäude zwar als Gericht benannt wird, durch die vagen Beschreibungen aber einen diffusen Eindruck hinterlässt, der irritierend wirkt.	Die Schülerinnen und Schüler erkennen, dass das Gebäude einen Bedingungsrahmen für die Handlung darstellt, als Orientierungsmöglichkeit für den Erzähler jedoch unergiebig bleibt. Es verweist auf die Innenstruktur des Erzählers.
Sprache/Stil	Der komplexe sprachliche Stil Kafkas wird erkannt, ebenso der Zeitenwechsel; teilweise werden Fachbegriffe verwendet (Parataxe, Wortwiederholungen, Reihungen).	Die Schülerinnen und Schüler sehen die Funktionalität der weit gezogenen Satzstrukturen als Entsprechung der inneren Handlung. Sie benennen und deuten den Zeitenwechsel, die Satztypen, wesentliche Metaphern.	Die Schülerinnen und Schüler leiten aus der Sprachführung die Befindlichkeit des Erzählers ab: sein Schwanken zwischen persönlicher Reflexion, allgemeinen Maximen und dem Zwang zum Durchhalten.
Textsorte Parabel	Der Text wird dem Genre Parabel zugeordnet. Zentrale Textmerkmale werden genannt (Bildebene/Sachebene).	Die Schülerinnen und Schüler erkennen die Textsorte, begründen die Struktur mit ihrer Funktionalität im Text (Unsicherheit und Orientierungslosigkeit, die Suche nach „Fürsprechern" verweisen auf ein allgemeines Gefühl von Bedrohtheit eines isolierten Ichs).	Charakteristika der Parabel werden herausgearbeitet. Dabei wird auf die besondere „kafkaeske" Situation verwiesen: die Verlagerung der Handlung ins Innere des Ich-Erzählers, die Entfremdung des erlebenden Ichs von seiner Umwelt, das Gefühl, auf der Stelle zu treten, die Unmöglichkeit, sich dieser Situation entziehen zu können.

NAME:

DATUM/KURS:

Analyse und Interpretation Kurzprosatexte – Entwicklung und zentrale Merkmale

1. Zum Begriff „Kurzprosa"

Kurzprosa ist ein sehr vager Begriff, der wenig über den Inhalt oder den Charakter der Texte aussagt – eine Verlegenheitslösung. Unter dem Sammelbegriff werden unterschiedliche literarische Gattungen zusammengefasst, deren Gemeinsamkeit sich auf die Fiktionalität der Handlung und auf ihre Kürze beschränkt. Das Spektrum reicht vom Aphorismus über Anekdote, Fabel, Kalendergeschichte, Parabel bis zur Kurzgeschichte. Es gibt kein gemeinsames Programm, sodass die Texte als Skizze, als lyrisch verdichteter Einfall, als gedankliche Skizze, als gleichnishafte Erzählung etc. erscheinen können.

Der Begriff „Kürze" ist dabei relativ. Er kann von wenigen Sätzen (vgl. z. B. Florian Meimberg: Auf die Länge kommt es an: Tiny Tales. Sehr kurze Geschichten. Frankfurt/M.: Fischer TB, 2011) bis zu zehn Seiten und mehr reichen.
Bei allen Problemen, den Begriff „Kurzprosa" bestimmen zu können, erweist sich das Genre als äußerst populär. Eine Google-Suche erbringt für das Thema „Schreibseminare – Kurzprosa" mehr als 1000 Einträge, die Ratgeber, Seminare und Kurse anbieten und offensichtlich auf eine große Rezeptionsbereitschaft treffen.

2. Erzählweisen

Auch wenn die Formen offen sind, erlegt die Kürze der Texte den Autoren einige gemeinsame strukturelle Zwänge auf. Erzählt wird eine zentrale Begebenheit, die existenzielle Bedeutung für die Figuren besitzt. Die Handlung ist einsträngig, Nebenhandlungen finden keinen Raum. Das gilt in gleicher Weise für das Figurenensemble, das auf wenige Personen begrenzt ist. Das Geschehen wird direkt vorgestellt, weder Einleitung noch Konsequenzen der Handlung spielen eine Rolle. Der Leser wird damit genötigt, sich auf diesen Kernbereich zu fokussieren und eine mögliche Fortsetzung des Geschehens als Drehbuch für sein eigenes „Kopfkino" zu schreiben. Er wird damit zu einem selbstständigen Co-Autor, der an die Seite des Schriftstellers tritt.

3. Gattungen

Auf den folgenden Seiten werden die vier wichtigsten Formen von Kurzprosa skizziert: Fabel, Kalendergeschichte, Parabel, Kurzgeschichte. Auf weitere Gattungen wie Schwank, Anekdote, Witz, Sage, Legende, Märchen … sei lediglich verwiesen.

3.1 Fabel

Die Fabel kann auf eine mehr als tausendjährige Geschichte zurückblicken. Der Grieche Aesop gilt im 6. Jahrhundert v. Chr. als ihr Stammvater. Die Fabel besitzt einige feste Charakteristika: In ihr treten als Protagonisten Tierfiguren auf, die antagonistisch gesetzt sind. Die fabelhaften Mischwesen sprechen und handeln wie Menschen und besitzen auch menschliche Eigenschaften. Ihre Charaktereigenschaften sind stereotyp und unveränderlich. Sie sollen damit den Menschen einen Spiegel vorhalten, in dem diese ihre eigenen Fehler und Schwächen erkennen können.

Fabeln weisen eine klare Gliederung auf. Einer knappen Ausgangssituation folgt eine Auseinandersetzung, die zu einer Lösung führt. Eine belehrende Moral schließt sich häufig explizit der Handlung an, sie kann aber auch implizit erfolgen. Die Leser müssen von dem Geschehen, das auf der Bildebene vorgestellt wird, auf seine eigentliche ethische Bedeutung schließen. Damit gleicht die Fabel der Parabel.

In der deutschen Literaturgeschichte wird die Fabel populär, seit Martin Luther einige Texte Aesops übersetzt hat. Einen Höhepunkt erlebt die Fabeldichtung durch Lessing (1729–1781), der sich auch wieder an den alten Fabeln orientiert. Sie erhält in der Zeit der Aufklärung ihre eigentliche Bedeutung, als die Fabel geradezu als Leitmedium der Literatur verwendet wird, da sie sowohl der Unterhaltung als auch der Belehrung dient. Gerade in Zeiten autoritärer Herrschaft bietet sie die Möglichkeit, auf Fehler in einem absolutistischen System aufmerksam zu machen. An einfachen Beispielen von sprechenden Tieren ist es möglich, auch den weniger gebildeten Menschen zu zeigen, was in ihrem Herrschaftsgebiet falsch läuft. Die Leser sollen sich an der Moral, die aus den Fabeln gezogen werden kann, orientieren und ihr Leben daran anpassen. Die Autoren können so Kritik üben, ohne sich selbst der Zensur oder direkter politischer Gewalt auszusetzen.

Auch in der Moderne spielen Fabeln eine wichtige Rolle, weil sie das Verkleidungsspiel zwischen Menschen und Tieren neu erzählen, feste Werte vermitteln, auf Fehlverhalten aufmerksam machen, ohne direkt belehrend zu wirken. Das findet seinen Niederschlag in Fantasygeschichten ebenso wie in der Einforderung demokratischer Rechte und der Kritik an politischer Nötigung wie etwa in der „Fabel" von Rainer Rochlitz.

3.2 Kalendergeschichte

Kalendergeschichten sind zunächst Texte, die als literarische Beigabe neben Tages-, Wochen- und Monatsangaben zum Abdruck in Kalendern bestimmt sind. Abgesehen von Gesangbuch und Bibel stellen diese Kalender im 17. und 18. Jahrhundert in der Regel die einzigen literarischen Texte dar, die in bäuerlichen Haushalten zu finden sind. Neben Informationen von kalendarischer und astronomischer Bedeutung enthalten die Kalender Wetterhinweise, Gesundheitstipps, praktische Ratschläge und allgemeine Lebensweisheiten. Um den Unterhaltungswert zu steigern, finden dann auch Erzählungen ihren Platz, die auf merkwürdige Ereignisse, belustigende Alltagssituationen vor dem Hintergrund historischer Vorgänge eingehen. Die Texte sind leicht verständlich und unterhaltsam, sie sollen zugleich aber auch moralische Wertvorstellungen verbreiten.

Im 19. Jahrhundert löst sich das Genre von den Kalendern und wird zu einer eigenständigen Literaturform. Dazu tragen v.a. die Kalendergeschichten von Johann Peter Hebel bei („Schatzkästlein des rheinischen Hausfreundes", 1811).
Die Verbindung von dörflich-bäuerlicher Volksnähe und aufklärerischem Impuls trägt dazu bei, dass im 19. und 20. Jahrhundert weiterhin Kalendergeschichten entstehen.
Die ideologischen Wertsetzungen können dabei sehr unterschiedlich sein; sie reichen von konservativer Frömmigkeit und dem Einverständnis mit bestehenden Familienstrukturen (in den „Schwarzwälder Dorfgeschichten", 1843–1854 von Berthold Auerbach veröffentlicht) oder den populären Texten Peter Roseggers bis zu Kalendergeschichten Robert Schweichels, der in ihnen über die Ausbeutung von Arbeitern und die Unterdrückung der Sozialdemokratie nach 1878 schreibt.

Im 20. Jahrhundert trifft die spezifische Verbindung von Unterhaltung und Didaktik auf neues Interesse. Das gilt etwa für die „Kalendergeschichten" von Oskar Maria Graf (1929), der die gesellschaftlichen und politischen Verhältnisse seiner bayerischen Heimat kritisch beleuchtet. Bertolt Brecht greift mit seinen um 1940 entstandenen Kalendergeschichten die Form und ihre Lehrhaftigkeit auf, um sie für sein Projekt einer gegenbürgerlichen sozialen Verhaltenslehre zu nutzen.
In völlig anderer Weise nützt ein zeitgenössischer Autor wie Botho Strauß dieses Genre. In seinem Text „Rückkehr" spielt er auf eine der bekanntesten Kalendergeschichten Hebels, „Unverhofftes Wiedersehen", an. Er zerlegt ihre moralischen Werte; in seiner Ehegeschichte spielen Vorstellungen von Treue und Verlässlichkeit keine Rolle mehr. An ihre Stelle treten Rücksichtslosigkeit und Egoismus. In einer durch materielle Werthaltungen bestimmten Gesellschaft verliert die Verbundenheit zweier Menschen ihren Wert.

3.3 Parabel

Der Begriff der Parabel lässt sich vom griechischen *parabole* ableiten und als Gleichnis bzw. Vergleichung übersetzen. Damit verweist die Übersetzung auch bereits auf das, was mit dem Begriff gemeint ist: Es geht um den Vergleich eines Geschehens auf der Bildebene, das vom Leser auf die intendierte Bedeutung in der Sachebene übertragen werden muss. Damit entspricht die Parabel auch der Struktur einer Fabel, die ebenso auf zwei Ebenen angelegt ist. Im Unterschied zur Fabel schildert sie allerdings eine menschliche Welt; selten schließt sie mit einer ausformulierten Moral. Die Grenzen sind jedoch offen. So verweist Herders Text „Das größte Übel des Staates, die Ratte in der Bildsäule" mit seiner Tierfigur, der Ratte, auf ein vorwiegend negativ, mit Ekel und Abscheu besetztes Symboltier.
Max Brod, der erste Herausgeber und Redakteur der Erzählungen Kafkas, veröffentlicht die „Kleine Fabel" in dem 1932 erschienenen Band „Beim Bau der Chinesischen Mauer".
Er versieht diese Erzählung mit der Überschrift „Kleine Fabel", geleitet von der Tatsache, dass es sich bei den Hauptfiguren um Tiere handelt, die in der Fabelliteratur menschliche Fähigkeiten besitzen. Er ruft damit eine Lesererwartung hervor, die allerdings in die Irre führt. In Kafkas Parabel ergeben sich der Sinn und die Lehre nicht aus der klaren Zuordnung von Bildebene zu Sachebene, wie es die Fabel verlangt. Kafka selbst hätte seinen Text vermutlich kaum mit dieser das Verständnis des Lesers lenkenden Vorgabe versehen.
Aufgabe des Lesers ist es, den gemeinsamen Punkt zu entdecken, mit dem sich Bild- und Sachebene verbinden lassen. Erst wenn die vordergründige Handlung des parabolischen Textes auf die gedankliche Ebene übertragen wird, können aus dem Geschilderten Analogieschlüsse auf die eigene Wirklichkeit gezogen werden. So verweist die Parabel über ihren unmittelbaren gegenständlichen und situativen Bereich hinaus und entfaltet ihren Gehalt auf einer abstrakteren gedanklichen Stufe.
In traditionellen Parabeln lässt sich die Übertragung von der Bild- auf die Sachebene eindeutig herstellen. Wenn zu befürchten ist, dass die Deutung zu schwer fällt, kann in den Texten ein Sprecher auftreten, der das Geschehen interpretiert und den Kommunikationspartner auf den richtigen Weg führt.
Das gilt für biblische Texte, etwa das Gleichnis des Propheten Nathan (2. Samuel 12, 1–10) ebenso wie für eine aufklärerische Parabel Herders.

In modernen Parabeln wird die Verbindung zwischen beiden Ebenen offener. Durch Kafkas bildzentrierte Schreibweise erfährt das parabolische Erzählen seit Beginn des 20. Jahrhunderts einen grundlegenden Funktionswandel. Bei ihm dient das bildhaft-uneigentliche Erzählen nicht dem Aufdecken von Missständen oder gesellschaftlichen Gesetzmäßigkeiten. Kafka will sein „traumhaftes inneres Leben" darstellen (Tagebucheintrag, 6.8.1914); ein Buch, so schreibt er wenige Monate vorher an seinen Freund Oskar Pollak, soll „die Axt sein für das gefrorene Meer in uns" (27.1.1914). Parabelgeschichten werden so zum Mittel der Selbsterforschung: Die innere Wahrheit kann nur im sprachlichen Bild zum Ausdruck gebracht werden, handelt es sich doch um vorrationale Erzählinhalte. Damit ergeben sich Veränderungen für das Genre. Gegenstände stehen nicht mehr stellvertretend für soziale Gruppen oder Phänomene, sondern für innerpsychische Instanzen. Ereignisse und Handlungsabfolgen repräsentieren innere Konflikte.

Strukturbildend ist dabei die Konfrontation einer erlebenden Figur mit einer verstörend undurchschaubaren Umwelt, die sich als entmutigend bis indifferent, häufig auch strafend erweist. Der Begriff der Entfremdung bietet sich als treffende Beschreibung für diese Konstellation an. In charakteristischer Weise verändert sich bei Kafka auch die Erzählperspektive: Nicht die Außensicht wird gewählt; Kafka erzählt konsequent aus dem Blickwinkel der Innenperspektive.
Kafkas Parabeln enthalten Grundstrukturen und fragen nach deren Übertragbarkeit. Widersprüche in der menschlichen Selbstkonstitution wiederholen sich in der Kommunikation mit dem Leser. In plastischer Bildlichkeit erscheint auf der Bildebene eine Situation, die sich durch systematische Inkohärenzen wieder auflöst. Der Leser meint zu verstehen, was geschieht, und wird in diesem Verstehen zugleich verunsichert. Parabolisches Erzählen lädt damit einerseits zur Deutung ein und verweigert sich andererseits zugleich.
Das gilt in vergleichbarer Weise für die Texte Robert Walsers. In der zweiten Hälfte des 20. Jahrhunderts wird diese Struktur in den Parabeln von Günter Eich, Günter Bruno Fuchs oder Günter Kunert wieder aufgenommen (vgl. Texte in der Klett-Edition „Vom Atem zum Stillstand. Kurzprosa von 1945 - 2010", S. 23, S. 32 f.). Peter Handke radikalisiert diese subjektive Sicht noch, wenn er schreibt: „Es interessiert mich als Autor übrigens gar nicht, die Wirklichkeit zu zeigen oder zu bewältigen, sondern es geht mir darum, *meine* Wirklichkeit zu zeigen (wenn auch nicht zu bewältigen)" (in: ebd., S. 105).

3.4 Short Story/Kurzgeschichte

Vorbild der Kurzgeschichte ist die amerikanische *short story*, die in der ersten Hälfte des 19. Jahrhunderts entsteht. Zu ihren Voraussetzungen gehört eine ungeheure Zunahme von Zeitungen, Zeitschriften, Magazinen und Almanachen in den USA. Im Jahr 1800 gibt es zwischen 150 und 200 Zeitungen; 1810 sind es schon 376 Blätter, 1850 sind 2.526 amerikanische Zeitungen katalogisiert. Zu dieser Zeit werden auch die ersten bebilderten Wochenzeitungen herausgegeben, um die Berichterstattungen mit Holzschnitten, Radierungen oder Skizzen von Korrespondenten zu beleben. Die Erfindung der Fotografie ermöglicht den Zeitungen nun eine zeitnahe und durch Fotos belegte Berichterstattung. Während des Bürgerkriegs entsteht eine weitere beispiellose Nachfrage nach aktueller Berichterstattung.
Vor diesem Hintergrund ist der Erfolg der *short story* zu verstehen. Die Autoren erkennen in der großen Konkurrenz der Medien ihre Chance. Für leicht konsumierbare Lektüren sind die Herausgeber bereit, hohe Honorare zu bezahlen. *Short stories* folgen dem Bedürfnis der Menschen, mit Texten, die in der Freizeit oder auf dem Weg zur Arbeit gelesen werden können, unterhalten zu werden.
Die Autoren komprimieren und konzentrieren daher ihre Erzählungen. Sie beschränken sich auf eine entscheidende Situation, ein Ereignis, einen Augenblick. Dem entsprechen ein geradliniger Handlungsverlauf, oft die Beschränkung auf eine Hauptfigur, ein der Realität des Lebens entnommener Inhalt, eine flüssige, auf Effekte abzielende Sprache.

Im 19. Jahrhundert sind es Edgar Allan Poe, Washington Irving, Mark Twain, Henry James u.a., die den Begriff der *short story* ausprägen und sie zur populärsten literarischen Gattung werden lassen. Im 20. Jahrhundert folgen ihnen Autoren wie John Steinbeck, William Faulkner oder Ernest Hemingway, die das Genre weiterentwickeln und die *short story* zur Kunstform gestalten.
In Deutschland wird die Kurzgeschichte in den zwanziger und dreißiger Jahren als eigene Gattung in den Zeitschriften und Zeitungen Berlins gepflegt. Autoren wie Kurt Tucholsky, Erich Kästner oder Walter Serner gehören mit ihrem kühlen, der Neuen Sachlichkeit verpflichteten Ton zu ihren prominentesten Vertretern. Mit dem Beginn der nationalsozialistischen Herrschaft wird dieser Trend brüsk unterbrochen.
Eine Renaissance findet die Kurzgeschichte bei den Autoren der deutschen Nachkriegsgesellschaft, die genau diese realistische Haltung in Sprache und Inhalt einfordern. Ein „Kahlschlag" werde gebraucht, so Wolfgang Weyrauch im Nachwort zu seiner Anthologie „Tausend Gramm" (vgl. die Klett-Edition „Vom Atem zum Stillstand. Kurzprosa von 1945 - 2010", S. 103), um das Pathos und die ideologisch aufgeladenen Phrasen zu beseitigen, die in der Zeit des Nationalsozialismus die Literatur in Deutschland bestimmt haben. Wesentliche Impulse für diese neue Orientierung kommen aus den USA, so von Hemingway - einem der einflussreichsten importierten Vorbilder - oder von William Faulkner, Vertreter einer realistischen Schreibweise, von der die Deutschen in der Zeit des Nationalsozialismus abgeschnitten sind.
„Der Ruf", 1947 als politisch-kulturelle Zeitschrift gegründet, überlebt nur kurze Zeit. Aus ihrem Gründerkreis entsteht jedoch die „Gruppe 47", die Autoren wie Heinrich Böll, Günter Grass, Martin Walser, Günter Eich, Walter Jens oder Hans Magnus Enzensberger versammelt. Ihre Romane und Erzählungen bestimmen in den fünfziger und sechziger Jahren das literarische Geschehen in der Bundesrepublik. Sie bilden den Maßstab, an dem sich moderne deutsche Literatur messen lassen muss. Es geht um engagierte, gesellschaftskritische Texte, die auf jedes Pathos verzichten und auf eine nüchterne, realistische Sprache setzen.

Gegen Ende der sechziger Jahre verliert dieser Ton und damit auch die Kurzgeschichte an Bedeutung. In den siebziger und achtziger Jahren stehen stärker subjektiv ausgeprägte Texte im Vordergrund.
Die Kurzgeschichte besteht bei allen Veränderungen weiter fort, spielt aber eine weniger bedeutende Rolle. Sie wird erst durch die Texte wieder aufgenommen, die seit den neunziger Jahren im Internet verbreitet oder auf öffentlichen Events präsentiert werden. In Form von Blogs und Poetry Slams werden kurze, häufig selbstironische Texte vorgestellt und treffen auf ein jugendliches Publikum, das mit Belletristik im klassischen Sinn wenig am Hut hat. Sie verfrachten die Literatur aus einer großen gepflegten bildungsbürgerlichen Nische mitten ins volle Leben hinein und geben ihr damit Kultstatus.
Vertreten sind alle literarischen Formen und Genres - beispielsweise Lyrik, Kurzprosa, Rap oder Comedy. Erlaubt ist bei den Poetry Slams, was gefällt - Hauptsache, die Texte sind

selbst verfasst, dauern nicht länger als fünf oder sechs Minuten und die Teilnehmer nutzen keine Requisiten oder Musik.

Gattungsprinzip der Kurzgeschichte ist die Reduktion und Komprimierung, die alle Gestaltungselemente einbezieht. Es gibt keine einheitlichen Merkmale, die sich auf alle Texte anwenden lassen. Trotzdem lassen sich einige Kennzeichen finden, die für die deutschen Kurzgeschichten bezeichnend sind:

- Die Geschichten sollen in einem Durchgang gelesen werden können.
- Wichtiger als die äußere Umfangsbegrenzung ist die Fokussierung auf einen kleinen Ausschnitt, eine Momentaufnahme. Die erzählte Zeit umfasst häufig nur wenige Minuten oder Stunden.
- Das Geschehen wird so auf einen gedrängten Augenblick verdichtet. Auf eine Haupt-, Neben- oder Gegenhandlung wird verzichtet.
- Der Einstieg erfolgt sofort, unvermittelt. Ohne Vorbereitung und Übergang blendet sich der Erzähler in ein laufendes Geschehen ein, das er am Schluss ebenso unerwartet wieder verlässt, ohne es eigentlich zu Ende zu führen.
- Nach Lösungen muss der Leser selbst suchen, häufig wird der offene Schluss zum Schlüssel für das Verständnis des Textes.
- Erzählt wird meist chronologisch im Präteritum. Die Sprache ist unprätentiös, alltäglich; ein lakonischer Sprachstil, teilweise die Verwendung von Jugendsprache verweisen auf die Banalität des Geschehens.
- Durch den Wechsel der Erzählperspektive, Einblendungen, innere Monologe wird ein simultanes Geschehen vorgestellt.
- Es sind gewöhnliche Figuren und Konflikte, die jedoch mit Grenzsituationen konfrontiert werden.
- Das geschilderte Alltagsgeschehen verweist auf komplexere Probleme, die über Andeutungen, Metaphern und Symbole kenntlich werden. Gerade was nicht ausgesprochen wird, was zwischen den Zeilen steht, wird bedeutungsvoll. Einzelne Gegenstände, Worte, Sätze erhalten Hinweischarakter und müssen vom Leser entziffert werden. Auf Wertungen, Deutungen oder Lösungen wird verzichtet.

Kommentare und Lösungen

Modul I: Kurzprosa kennenlernen

Intention	Kurzprosatexte sind in besonderer Weise darauf angelegt, die Fantasie ihrer Leser anzuregen. Durch ihre Struktur – den direkten Einstieg, die Reduzierung der Handlung und des Personals, die Offenheit des Schlusses – verlangen sie geradezu nach einer Weiterentwicklung des Geschehens im „Kopfkino". Der vorliegende Text bietet sich als Einstieg in die Unterrichtsreihe an, da er den Blick der Schülerinnen und Schüler auf die eigene Befindlichkeit, auf Selbstfindungsprobleme und den Wunsch nach Distanzbildung Heranwachsender lenkt.
Zeitbedarf	1 Doppelstunde (KV 1), 1 Stunde (KV 2), 1 Stunde (KV 3), 1 Stunde (KV 4)
Material	KV 1: Erste Eindrücke zu einer Kurzgeschichte formulieren *Nadja Einzmann: An manchen Tagen* KV 2: Sich mit Aspekten menschlicher Kommunikation auseinandersetzen *Das Vier-Seiten-Modell von Friedemann Schulz von Thun* KV 3: Ein Kommunikationsmodell für die Interpretation einer Kurzgeschichte nutzen *Nadja Einzmann: An manchen Tagen; das Kommunikationsmodell von Friedemann Schulz von Thun* KV 4: Strukturelle Merkmale von Kurzprosa kennenlernen *Klett-Editionen, Materialien, S. 78 f.: Charakterisierung traditioneller kurzer Prosaformen, Nadja Einzmann: An manchen Tagen*
Didaktische Hinweise	Dieses Modul setzt sich mit der Figurengestaltung auseinander, um damit auch in die genretypischen Eigenschaften von Kurzgeschichten einzuführen. Im Fokus stehen zwei identische Äußerungen der Protagonistin, die in ihrer Verschlüsselung zunächst rätselhaft bleiben, damit aber gerade nach ihrer Dekodierung verlangen. Als Analyseinstrument kann hier das Kommunikationsmodell von F. Schulz von Thun eingesetzt werden. Ist es den Schülerinnen und Schülern bereits bekannt, kann auf die Erarbeitung von KV 2 verzichtet werden. Die Übungsbeispiele können auch eingesetzt werden, um das Modell wieder zu aktualisieren. Dafür muss dann jedoch genügend Zeit eingeplant werden. Zusammenfassend können nach der Texterschließung generelle Merkmale von Kurzprosatexten mithilfe von KV 3 erarbeitet werden. Nadja Einzmanns Text soll auf diese Kategorien bezogen und stichwortartig als typische Variante dieser Erzählgattung beschrieben werden.

Zielvorstellungen/ Kompetenzbeschreibungen	Die Schülerinnen und Schüler - entnehmen zielgerichtet Informationen aus Texten - erschließen literarische Figuren - deuten das Verhältnis von Mutter und Tochter, indem sie das Vier-Seiten-Kommunikationsmodell von Schulz von Thun anwenden - erkennen strukturelle Merkmale von Kurzprosa
Sozialform	Einzelarbeit/Partnerarbeit/Gruppenarbeit/Unterrichtsgespräch

Methodisches Vorgehen/ Unterrichtsschritte	Zu Beginn der Unterrichtseinheit wird ein Assoziationsverfahren zur Vorbereitung auf die Lektüre eingesetzt. Die Schülerinnen und Schüler nennen Assoziationen zur Beziehung zwischen Mutter und Tochter. Die Nennungen werden auf Folie oder im Tafelanschrieb notiert. Anschließend wird der Text vorgetragen. In Form eines Unterrichtsgesprächs soll dann geklärt werden, inwieweit die genannten Assoziationen und die Textaussagen zusammenpassen. Daraus resultiert der Arbeitsauftrag, der in Partnerarbeit erfolgt. Die Ergebnisse werden anschließend unkommentiert im Tafelanschrieb gesammelt. In der folgenden Auswertungsphase werden sie im Unterrichtsgespräch interpretiert, die Charakteristika werden mit einer zweiten Farbe im Tafelanschrieb eingetragen. Die produktive Aufgabe, die literarische Situation in einem Standbild umzusetzen, bietet einen weiteren Zugang zur Interpretation. Aus den Interpretationselementen wird ein Lern-Plateau aufgebaut. Im folgenden Schritt wird der Satz „Nein […] mir ist nicht nach Welt" vorgelegt, der mithilfe des Kommunikationsmodells von Schulz von Thun analysiert werden soll. Das abschließende Fazit sowie die mögliche Problematisierung sollen als Einzelarbeit bzw. als Hausaufgabe bearbeitet werden, damit die Schülerinnen und Schüler die Möglichkeit haben, ihre eigene Auffassung zu entfalten. Sollte dieser Text für sich und damit unabhängig von einer Einführung in das Thema „Kurzprosa" analysiert werden, könnte als Hausaufgabe ein gestaltender Arbeitsauftrag gestellt werden, der die Schülerinnen und Schüler darauf verpflichtet, eine eigene Sicht auf die Situation des Erzählers und mögliche Perspektiven einzunehmen.

Lösungen

Klett Stundenblätter → S. 10/11

Kopiervorlage 1

1 und 2 Hier werden individuelle Lösungen erwartet. Deutlich werden könnte etwa, dass eine verständnisvolle, enge Mutter-Tochter-Beziehung, wie sie in der Mindmap angelegt sein dürfte, in diesem Text fehlt.

Informationen zum Text: Nadja Einzmanns Kurzgeschichte „An manchen Tagen" (2001) schildert den Konflikt einer Heranwachsenden mit sich selbst in der Phase der Selbstfindung. Auf der Handlungsebene passiert nur wenig. Der Leser nimmt an nur scheinbar oberflächlichen Gesprächen zwischen beiden Personen teil. Dabei bleibt unklar, ob es sich beim Erzähler um eine männliche oder weibliche Person handelt. Die Erinnerungen (voltigieren, fechten, tanzen, Z. 25 f.) sprechen jedoch eher für eine Heranwachsende. Unter der Oberfläche zeigen sich auf ihrer Seite die Gefühle, von denen der Leser durch verschiedene Anläufe der Mutter, mit ihr in Kontakt zu kommen, erfährt. Die Mutter fordert sie immer wieder auf, ihr Bett zu verlassen und ins Freie zu kommen. Die Tochter weigert sich mit dem stets gleichen Satz und benutzt ihr Bett als Rückzugsraum. Was das Problem der Tochter ist, kann die Mutter nicht erkennen, auch sich selbst gegenüber weist die Heranwachsende nur andeutungsweise auf einen Liebeskonflikt hin. Ihr Verhalten erscheint extrem. Der innere Konflikt der Tochter bleibt ungelöst, da sie über keine Kommunikationsfähigkeit verfügt, mit deren Hilfe sie auf die Familie zugehen und ihr Problem überhaupt benennen könnte.

Hinter der Unfähigkeit sich zu äußern, verbirgt sich offensichtlich eine tiefer gehende Erschütterung. Die Ich Erzählerin wirkt durch die gescheiterte Beziehung zutiefst in ihren Gefühlen verletzt. Sie zieht sich in sich selbst zurück, weil sie Angst vor der Außenwelt entwickelt, eine Art von Weltekel, der sie zu überwältigen droht. Das Negativbeispiel der älteren Geschwister lässt sie am Erwachsenwerden zweifeln und erschwert zusätzlich die Identitätsfindung. Dieser grundlegende Konflikt kann nicht gelöst werden, da es an keiner Stelle zu einer emotionalen Annäherung zwischen Mutter und Tochter kommt. Die Offenheit des Textes, seine fehlende Begründung und Perspektive regen die Leser zum Nachdenken an.

3

Mutter	Tochter
klopft an die Tür (Z. 5)	wartet auf Katastrophen
will die Tochter aktivieren (Müll, Spaziergänge)	reagiert passiv, wartet auf Endzeitbotschaften
sucht Kontakt	verweigert die Kontaktaufnahme
stellt das Abendessen vor die Tür	sieht ihr Bett als Refugium vor der Außenwelt („Floß", Z. 13)
klagt über die mangelnde Normalität	sieht ihr Bett als letzte Rettung vor den Gefahren des Alltags
macht Vorwürfe („Was soll nur werden mit dir?", Z. 21)	früher: Freizeitaktivitäten (zeichnen, voltigieren, fechten, tanzen, Z. 25 f.)
möchte Verhaltensänderung erreichen	deutet Liebesenttäuschung an (Z. 34 – 36)
fordert zu neuen Aktivitäten auf: aufstehen, fischen gehen, auf die Geschwister hören (Z. 39 – 41)	erinnert sich an Zeiten unreflektierter Freude (Z. 30 f.)
„meine Mutter trauert ihnen nach" (Z. 37 f.)	„ich trauere ihnen nicht nach" (Z. 33 f.)
will die Nähe zur Tochter	will sich nicht auf die Wünsche der Mutter einlassen, will selbstständig entscheiden

4 Hier werden individuelle Lösungen erwartet. Die produktive Umsetzung der literarisch geschilderten Situation mithilfe eines Standbildes kann es den Schülerinnen und Schülern ermöglichen, sich aufgrund der eigenen Erfahrungen in die Situation einzufühlen. Eine Auswertung der Aufgabe sollte im Unterrichtsgespräch erfolgen.

Klett Stundenblätter → S. 12

Kopiervorlage 2

1 Schaubild:

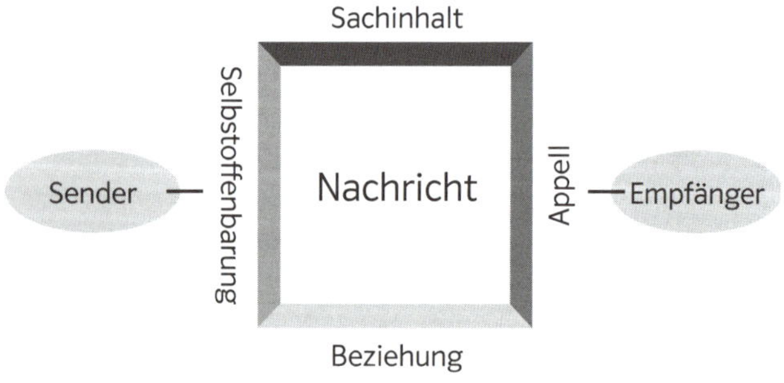

Das Schaubild soll die vier Seiten einer Nachricht, die vom Sender ausgeht bzw. vom Empfänger aufgenommen wird, veranschaulichen. Schulz von Thun bietet mit seinem Vier-Seiten-Modell eine Möglichkeit an, sich das Konzept plastisch vorzustellen.

2 Beispiel A: „Du, da vorne ist grün!"

	Sender	Empfänger
Sachinhalt	Information darüber, dass die Ampel grün geworden ist.	Er/Sie könnte z. B. lediglich auf den Sachinhalt eingehen („Das habe ich auch gesehen") und den Rest ignorieren.
Selbstoffenbarung	Der Beifahrer möchte schnell vorankommen, fühlt sich offensichtlich auf dem Beifahrerplatz nicht wohl.	Er/Sie könnte auf die Selbstoffenbarung eingehen und das Steuer an den Beifahrer übergeben.
Beziehung	Der Beifahrer traut dem Fahrer nicht zu, richtig zu reagieren.	Er/Sie könnte die Beziehung in Frage stellen („Fährst du oder fahre ich?").
Appell	Der Fahrer soll dazu veranlasst werden, schneller zu fahren, um noch über die Kreuzung zu kommen.	Er/Sie könnte dem Appell nachgeben und das Tempo beschleunigen.

Beispiel B: „Es zieht."

	Sender	Empfänger
Sachinhalt	Information über einen Windzug im Zimmer.	Informationsbestätigung: „Stimmt. Jetzt, wo du's sagst, finde ich das auch."
Selbstoffenbarung	„Der Luftzug stört mich."	Reaktion auf die Selbstoffenbarung: „Wenn's dich stört, schließe ich das Fenster."
Beziehung	Dominante Vater-Sohn-Beziehung, Information mit Befehlscharakter.	Aufgreifen der Beziehungsebene: „Ich bin kein kleines Kind mehr. Steh doch selbst auf!"
Appell	„Mach sofort das Fenster zu!"	Eingehen auf den Appell oder nicht: „Ich denk ja gar nicht dran!" oder „Ich mach's sofort zu."

Beispiel C: „Ist das Bad jetzt frei?"

	Sender	Empfänger
Sachinhalt	Information über die Möglichkeit, selbst das Bad zu benutzen.	Informationsbestätigung: „Nein, ist noch nicht frei."
Selbstoffenbarung	Verärgerung der Mutter, weil die Tochter sich rücksichtslos lange im Bad aufhält.	Reaktion auf die Selbstoffenbarung: „Wenn's dich stört, mache ich ganz schnell."
Beziehung	Problematische Mutter-Tochter-Beziehung.	Aufgreifen der Beziehungsebene: „Ich habe keine Lust, mich wegen dir zu beeilen!"
Appell	„Mach sofort das Bad frei!"	Eingehen auf den Appell oder nicht: „In zwei Minuten bin ich fertig!" Oder: „Ich bin noch nicht fertig."

Beispiel D: „Ist der Platz neben dir noch frei?"

	Sender	Empfänger
Sachinhalt	Informationsfrage über einen freien Stuhl am gleichen Tisch.	Informationsbestätigung: „Nein, der Platz ist nicht frei."
Selbstoffenbarung	Der junge Mann möchte gerne Kontakt mit dem Mädchen aufnehmen.	Reaktion auf die Selbstoffenbarung: „Wenn du so versuchst, bei mir zu landen, hast du Pech!"
Beziehung	Versuch, mit einem fremden Mädchen in Kontakt zu kommen.	Aufgreifen der Beziehungsebene: „Ich habe keine Lust, mich mit dir zu unterhalten."
Appell	„Lass dich auf ein Gespräch mit mir ein!"	Eingehen auf den Appell oder nicht: „Setz dich schon hin!" Oder: „Der Platz ist besetzt."

Klett Stundenblätter → S. 13

Kopiervorlage 3

1 Die Mutter ist besorgt über das Verhalten der Tochter; will ihr helfen, aus der selbst gewählten Isolation herauszukommen; will das Verhalten der Tochter ändern; fordert familiäre Aktivitäten; beklagt sich über die fehlende Kommunikation; reagiert verärgert, weil sie keinen Kontakt aufnehmen kann …

2

Die Information des Senders (der Tochter):

	Sachaussage: „Ich will mein Zimmer nicht verlassen."	
Selbstoffenbarung: „Ich bin allein und habe Angst vor der Außenwelt." Oder: „Ich schaffe es allein."	**„Mir ist nicht nach Welt." (Z. 10, 41)**	**Appell:** „Lass mir meinen Freiraum."
	Beziehung: „Misch dich nicht in mein Leben ein."	

Reaktionsmöglichkeiten des Empfängers (der Mutter):

	Sachaussage: „Ist das so?" „Will sie ihr Zimmer nicht verlassen?"	
Selbstoffenbarung: „Wie ist sie drauf?" Oder: „Braucht sie meine Hilfe?"	**„Mir ist nicht nach Welt." (Z. 10, 41)**	**Appell:** „Soll ich mich zurückziehen?"
	Beziehung: „Was hält sie von mir? Wie fühle ich mich durch die Art, wie sie mit mir spricht?"	

3 und 4 Hier werden individuelle Lösungen erwartet. Dabei könnten die möglichen Ursachen für die Kommunikationsstörung mithilfe des Vier-Seiten-Modells erläutert werden.

Klett Stundenblätter → S. 14

Kopiervorlage 4

1 und 2

Merkmale von Kurzprosa	Entsprechungen in der Kurzgeschichte von Nadja Einzmann
narratives Element	Erzählung über eine Familiensituation
einsträngige Handlung	Distanz zwischen heranwachsender Tochter und der Familie
Reduzierung auf ein Phänomen	Fokus auf die Situation der Tochter gelegt
wenige Figuren	zentrale Figuren: Mutter und Tochter; Vater und Geschwister angedeutet
Alltagssprache	knappe, lakonische Sätze
uneigentliches, bildhaftes Sprechen	„Bett" als Metapher
Gegenwartsbezug, Alltagserfahrungen	typische familiäre Auseinandersetzung
Problemanriss	Situation lediglich angedeutet, keine Lösung in Sicht

Modul II: Merkmale der Fabel analysieren

Intention	In diesem Modul werden die Schülerinnen und Schüler am Beispiel von Fabeltexten an die Diversität und Variabilität von Kurzprosa herangeführt. Dabei wird deutlich, dass die Genregrenzen häufig verschwimmen und sich damit für die Autoren neue Möglichkeiten bieten, mit den Mustern zu spielen, die Erwartungshaltung von Lesern zu irritieren und sie damit anzuregen, die Texte weiterzudenken. Es liegt nahe, die Schülerinnen und Schüler mit der Analyse von Fabeltexten zum Nachdenken über Genregrenzen anzuregen, gehören sie doch zu der Textsorte, der sie im Verlauf ihrer Schulzeit bereits frühzeitig begegnet sein dürften.
Zeitbedarf	1 Stunde (KV 5), 1 Doppelstunde (KV 6), 1 Stunde (KV 7)
Material	KV 5: Gattungsmerkmale der Fabel erschließen *Klett-Editionen, Materialien, S. 82: Fabel; Martin Luther: Vom Raben und Fuchs* KV 6: Die Wirkung einer modernen Fabel untersuchen *Franz Kafka: Kleine Fabel* KV 7: Die politischen Dimensionen moderner Fabeln analysieren *Rainer Rochlitz: Fabel*
Didaktische Hinweise	Diese Unterrichtseinheit greift auf Vorkenntnisse der Schülerinnen und Schüler zurück bzw. arbeitet mit den Ergebnissen des Informationstextes der Klett-Edition. Sie werden mithilfe der Luther-Fabel konkretisiert und zu einem Schema zusammengefasst. Beispielhaft soll so die Fabeltradition noch einmal erarbeitet bzw. bewusst gemacht werden. Im weiteren Verlauf wird deutlich, dass diese Merkmale keine festen Größen darstellen, sondern kreativ verwandelt werden bzw. aktuellen politischen Intentionen der Autoren dienen können. Warum das Genre der Fabel auch heute noch eingesetzt wird, lässt sich am Beispiel des Textes von Rainer Rochlitz erkennen: Das Spiel mit der Tradition verändert die Gestalt der Fabel, ohne mit ihrem Charakter zu brechen. Der Anspruch auf ein moralisch fundiertes Handeln kann ohne erhobenen Zeigefinger, daher umso effektiver, eingefordert werden.

Zielvorstellungen/ Kompetenzbeschreibungen	Die Schülerinnen und Schüler – bringen ihre Vorkenntnisse über Struktur und Inhalt von Fabeltexten ein – vertiefen ihre Kenntnis zur Gattung Fabel – können zielgerichtet Informationen aus Texten entnehmen – übertragen diese Kenntnisse auf einen Text Franz Kafkas – erkennen die Problematik der Genrezuschreibungen – können diese Kenntnisse an einem Beispiel aus der zweiten Hälfte des 20. Jahrhunderts anwenden – können sich mit einem Text produktiv auseinandersetzen
Sozialform	Einzelarbeit/Gruppenarbeit/Unterrichtsgespräch
Methodisches Vorgehen/ Unterrichtsschritte	Zu Beginn der Stunde werden die Informationen zur Kurzprosaform „Fabel" in einer vorstrukturierten Grafik festgehalten. Sie werden am Beispiel der Luther-Fabel konkretisiert und ergänzt. In einem zweiten Schritt soll dieses Schema mit dem Kafka'schen Text „Kleine Fabel" konfrontiert werden. Wichtig ist dabei, dass der Titel dieses Textes zunächst ausgeblendet wird. Dieses Verfahren bietet sich an, da Kafka selbst auf einen Titel verzichtet hat. Die Genrezuschreibung wurde erst nachträglich von Max Brod, dem Freund und Herausgeber der Werke Franz Kafkas, hinzugefügt, als er den Text 1931 in der Sammlung „Beim Bau der Chinesischen Mauer" veröffentlichte.

In einem dreischrittigen Gruppenarbeitsverfahren soll der Kafka-Text erschlossen werden: Für die Arbeit mit Kafka wird die Placemat-Methode vorgeschlagen. Dabei wird die Schreibfläche am Ende des Arbeitsblattes kopiert und ggf. vergrößert. Die Schülerinnen und Schüler setzen sich in Vierer-Gruppen zusammen. Jede Gruppe erhält einen großen Bogen, der so aufgeteilt ist, dass jeder von ihnen ein eigenes Feld vor sich hat. In einer ersten Phase notieren die Schülerinnen und Schüler ihre Gedanken als bildhafte Darstellung in ihr Individualfeld. In der zweiten Phase werden die individuellen Ergebnisse ausgetauscht und verglichen. Dazu kann der Bogen in der Gruppe im Uhrzeigersinn gedreht werden, sodass alle Gruppenmitglieder am Ende die anderen Ergebnisse gesehen und nachvollzogen haben. Die Schülerinnen und Schüler können dann ihre eigenen Ergebnisse bestätigen, verbessern oder revidieren und über Widersprüche und Probleme ins Gespräch kommen, um so ein gemeinsames Gruppenergebnis zu entwickeln. In der dritten Phase stellen die Schülerinnen und Schüler ihre Gruppenergebnisse in der Klasse vor. Dazu können sie auf die Aufzeichnungen des Bogens zurückgreifen. Die grafische Struktur führt zu intensiven Arbeitsphasen, weil sie den Wechsel von Denken und Austauschen für die Schülerinnen und Schüler anschaulich werden lässt. Damit wird zunächst das inhaltliche Verständnis des Textes erarbeitet. Bei der Vorstellung der Gruppenergebnisse sollte diskutiert werden, welche inhaltlichen und strukturellen Aspekte in die Darstellung eingegangen sind und welche nicht. Anschließend wird der Titel, den Brod dem Text gegeben hat, genannt. Daran können sich im Unterrichtsgespräch unterschiedliche Aspekte anschließen: Trifft die Genrezuschreibung zu? Was ist mit dem Adjektiv „klein" gemeint, wenn Fabeln sowieso kurze Texte sind?

Eine letzte Aufgabe, die in Einzelarbeit geleistet werden sollte, stellt den Kafka-Text in die Lebensumwelt der Schülerinnen und Schüler heute. Worauf konkret Bezug genommen werden kann, sollte offen bleiben. Eine mögliche Variante: „Ach", sagte der Schüler …

Den Abschluss des Moduls bildet die Auseinandersetzung mit einer Fabel von Rainer Rochlitz, die als „aktualisierte" Fassung im August 1967 in der Zeitschrift DIE ZEIT erschienen ist. Zum Verständnis des Textes sollten die Schülerinnen und Schüler auf das gesellschaftspolitische Umfeld des Erscheinungsjahres hingewiesen werden: den Besuch des Schahs von Persien im Mai/Juni, die Proteste der Studierenden gegen die iranische Politik, die Demonstration in Berlin am 2. Juni, den Tod von Benno Ohnesorg durch die Kugel eines Polizisten, die folgenden bundesweiten Protestzüge und die damit explosionsartig anwachsende Studentenbewegung …

Lösungen

Klett Stundenblätter → S. 15

Kopiervorlage 5

1 und 2

	Fabeln	**Martin Luther: Vom Raben und Fuchs**
Inhalt	Probleme menschlichen Zusammenlebens	Wie umgehen mit Lob?
	Tiere als Handlungsträger	Rabe/Fuchs
	typische menschliche Eigenschaften	Rabe: eingebildet, eitel/Fuchs: schlau
Form	kurze Erzähltexte	14 Zeilen Text
	pointierte Darstellung	fokussiert auf die Konfrontation
	Dialog	Lobrede des Fuchses
	Ausgangssituation	Rabe ist stolz auf die Beute, singt – Fuchs hört ihn, sieht die Beute
	Aktion/Reaktion	Schmeichelei des Fuchses/Gesang des Raben
	Pointe/Lehre	Wer sich auf Schmeichler einlässt, wird bestraft (implizite Lehre).

Klett Stundenblätter → S. 16

Kopiervorlage 6

1 Die Schülerinnen und Schüler sollen zunächst den Kafka-Text in eine bildhafte/grafische Darstellung übersetzen. In der Diskussion der Eindrücke und Überlegungen, die in ihren Bildern deutlich werden, sollte erkennbar sein, dass der Text gerade nicht dialogisch angelegt ist. Die anfängliche Klage der Maus („Ach") richtet sich an den Leser, nicht an die Katze; der Rat der Katze erscheint nur im ersten Moment plausibel, wird durch ihr Verhalten aber paradox.
Die Klage beschreibt einen Lebenslauf, der sich generell auf „die Welt" bezieht, in der ein Bedrohungsgefühl permanent vorhanden ist - sei es, weil sie „so breit" ist, oder weil die Mauern „so schnell aufeinander zu" eilen, dass kein Spielraum mehr für eigene Entscheidungen bleibt. Glück bietet nur der kurze Moment, in dem die Mauern in der Ferne Sicherheit bieten. Die Sinnestäuschung von am Horizont zusammenlaufenden Parallelen wird wörtlich genommen und als eigenständige Tätigkeit der Mauern personifiziert: Sie werden zur Ausweglosigkeit zugespitzt, indem sie „im letzten Zimmer", „im Winkel", auf „die Falle" zulaufen. Die Katastrophe erscheint unvermeidlich. Tatsächlich wird sie aber erst durch die von außen beobachtende Katze, den natürlichen Gegner der Maus, erfüllt. Sie scheint in der Lage zu sein, in die Maus hineinzuhorchen, ihre Angstgefühle auszuloten. Ihr Ratschlag macht deutlich, dass eine Alternative wenig Anstrengung bedarf („nur"), tatsächlich widerspricht ihre konkrete Handlung der Empfehlung. Offen bleibt, ob es überhaupt Handlungsmöglichkeiten gegeben hätte, die Katze böswillig ist oder lediglich ihren eigenen Instinkten folgt. Das Resultat ist unabhängig davon eindeutig und unvermeidlich.

2 Der Text entspricht gerade dadurch, dass dieser Ratschlag so wenig vertrauenswürdig ist, offensichtlich nicht dem Fabeltypus. Der Leser bleibt irritiert, weil sich ihm durch die Lehre, die er erwartet, die Bedeutung des Geschehens nicht erschließt, eine aufklärerische Botschaft wie in den didaktischen Fabeln unterbleibt. Auch der Dialog der Handelnden entspricht eher einer monologischen Struktur.
Die von Max Brod gesetzte Überschrift „Kleine Fabel" enthält zwar eine Gattungsbezeichnung, die auf Analogien zum Fabeltypus setzt - die Einführung von Tierfiguren, die in Opposition zueinander stehen, dem Wechsel von Erzähler und Figurenrede, einem antithetischen Dialog, einer Pointe in der Handlungsebene - der Verzicht auf eine Auflösung des Bildes verweist den Text allerdings stärker auf die Ebene einer Parabel.

3 Da man diesen Text mit dem Zurasen auf den Tod „übersetzen" könnte, wären mögliche Varianten Menschen, die in der Wirtschaft tätig sind, durch den Leistungsdruck gehetzt werden, um dann ihren Lebenssinn z. B. in einer religiösen Sekte zu suchen. Oder Personen, die drogenabhängig, krank sind, daran fast zugrunde gehen, sich dann wieder erholen, um eines natürlichen Todes zu sterben …

Klett Stundenblätter → S. 17

Kopiervorlage 7

1 Als „Mäuse" werden in dieser Fabel ganz offensichtlich die unterprivilegierten Demonstranten bezeichnet. Eine „Maus" wird umgebracht, weil sie ihren Erzfeind, „eine Katze", beschuldigt hat, ein „Mörder" zu sein. Wenn im 2. Abschnitt von einem „Katzencorps" die Rede ist, wird deutlich, dass mit dieser Bezeichnung auf Polizei oder Armee angespielt wird. Im 3. Abschnitt erst wird offensichtlich, aus wessen Perspektive diese Fabel berichtet wird: Es sind die Katzen, die als Staatsgewalt auftreten, um den „Radau" der „struppigen Mäusegestalten" zu überwältigen.

2 Die BILD-Zeitung nimmt in ihrer Ausgabe vom 3. Juni 1967 deutlich Partei: In der Schlagzeile wird „1 Toter" genannt, im Foto darunter ein verletzter Polizist gezeigt. Erst im 2. Abschnitt des Berichts wird der Student Benno Ohnesorg genannt, dessen Tod durch eine „Schädelfraktur" erfolgt sei - eine plumpe Lüge, wie sich wenig später zeigen wird: Er ist von einem Polizisten von hinten durch einen Kopfschuss getötet worden. Der 4. Abschnitt geht weiter auf die Polizisten als Opfer der „Randalierer" ein, von denen „35" festgenommen seien.
Der Kommentar verschärft die Tonlage noch: Schuld am Tod des Studenten haben „politisch Halbstarke", es seien „Schägerkolonnen", die mit „SA-Methoden" auftreten.

3 Rainer Rochlitz bezieht sich in seinem fiktionalen Text sehr präzise auf die Umstände des Todes von Benno Ohnesorg. In einem bitter-sarkastischen Ton wird im 1. Abschnitt die Verantwortlichkeit für den Tod der „Maus" dem Opfer zugeschrieben (entsprechend den ersten Berichten der Berliner Presse über den Tod von Benno Ohnesorg). Im 2. Abschnitt wird auf die grundgesetzlich garantierte Versammlungsfreiheit angespielt - wenn auch mit der impliziten Drohung, dass „ein Katzencorps" bereitstehe, um „Ausschreitungen zu verhindern". Der 3. Abschnitt wendet sich an bislang unbeteiligte Bürger, denen zugesichert wird, für Ruhe und Ordnung zu sorgen. Eine explizite Moral fehlt. Die kaltschnäuzige Drohkulisse, die in diesem Text aufgebaut wird, dürfte aber dazu herausfordern, diese Haltung infrage zu stellen und sich mit den „Mäusen" zu solidarisieren.

Modul III: Merkmale der Kalendergeschichte analysieren

Intention	Kalendergeschichten gehören zu den ältesten deutschen Kurzprosaformen. Ihre Bezeichnung verweist auf die Veröffentlichung in Kalendern, die, seit dem 16. Jahrhundert weit verbreitet, zum Teil neben der Bibel das einzige literarische Material für viele Menschen darstellten. Die Texte haben durch diese Publikationsform bedingt einige gemeinsame Merkmale: Sie schildern menschliche Schwächen, merkwürdige Begebenheiten, die meist aus dem Alltagsbereich stammen, sind unterhaltsam und belehrend, knapp gehalten und schlicht erzählt. Sie enden meist pointiert. Mit diesen Kennzeichen sind sie eng mit der Form der Anekdote verbunden. Der Spagat zwischen Aufklärung und Volksnähe ist das besondere Merkmal dieser Textgattung. Literatur gesellschaftlich wirken zu lassen, dürfte der besondere Anreiz für Autoren wie Johann Peter Hebel, aber auch für Schriftsteller im 20. Jahrhundert (wie Bertolt Brecht oder Klaus Schlesinger) gewesen sein. Für andere, wie z. B. Botho Strauß, ist es wohl eher das Spiel mit der Dekonstruktion vorgefundener Formen und Inhalte, das ihn dazu bringt, in dieser Form Texte zu schreiben. Kalendergeschichten sind daher, auch wenn sie aufgrund ihrer Herkunft zunächst unzeitgemäß erscheinen mögen, eine bis in die gegenwärtige Literaturpraxis hinein wirkende spannende Variante von Kurzprosaformen.
Zeitbedarf	1 Stunde (KV 8), 1 Stunde (KV 9), 1 Stunde (KV 10)
Material	KV 8: Merkmale der Kalendergeschichte kennenlernen *Jonas Geldschläger: Kalendergeschichte* KV 9: Den Aufbau einer historischen Kalendergeschichte nachvollziehen *Johann Peter Hebel: Unverhofftes Wiedersehen* KV 10: Moderne Kalendergeschichten mit ihrem historischen Vorbild vergleichen *Klett-Editionen, Texte, S. 61: Botho Strauß: Rückkehr; Bertolt Brecht: Wer kennt wen?*
Didaktische Hinweise	Dieses Modul knüpft an die gattungstheoretischen Überlegungen aus Modul I an, dürfte aber ebenso Vorkenntnisse der Schülerinnen und Schüler aus der Sekundarstufe I aufnehmen. Die wohl bekannteste Kalendergeschichte von Johann Peter Hebel, „Unverhofftes Wiedersehen", bietet die Basis dieser Textanalyse. Der klare dreiteilige Aufbau, die einfache Sprache, die implizite Lehre der Geschichte lassen Struktur und Inhalt einer typischen Kalendergeschichte erkennen. Sie werden in einer knappen tabellarischen Übersicht zusammengefasst. Damit ist ein Analyseplateau geschaffen, auf dem die Texte von Botho Strauß und Bertolt Brecht untersucht und verglichen werden sollen. Sie lassen erkennen, wie die Autoren mit den Vorgaben umgehen, sie „gegen den Strich bürsten" bzw. mit neuen Inhalten versehen.

Zielvorstellungen/ Kompetenzbeschreibungen	Die Schülerinnen und Schüler - bringen ihre Vorkenntnisse über Struktur und Inhalt von Kalendergeschichten ein - können zielgerichtet Informationen aus Texten entnehmen - übertragen ihre Interpretationskenntnisse auf thematisch verwandte Texte aus unterschiedlichen Zeiten - reflektieren den Zusammenhang zwischen den Texten und ihrer Entstehungszeit
Sozialform	Einzelarbeit/Partnerarbeit/Unterrichtsgespräch

Methodisches Vorgehen/ Unterrichtsschritte	
	Zu Beginn der Stunde werden die Kennzeichen der Kurzprosaform „Kalendergeschichte" in einem Informationstext markiert und das Textverständnis mithilfe von Multiple-Choice-Fragen überprüft. Johann Peter Hebels „Unverhofftes Wiedersehen" wird auf die genannten Stichworte hin untersucht.
	Anschließend soll in Partnerarbeit die Erzählung auf ihren Inhalt und auf die Art des Erzählens hin analysiert werden. Die hier gefundenen Stichworte sollen anschließend mit den Texten von Botho Strauß und Bertolt Brecht verglichen werden. In der Zusammenschau wird deutlich werden, wie sich Inhalt und Gestaltungsweise der Texte verändert haben.
	Ein Unterrichtsgespräch über mögliche Ursachen dieser Variationen beendet die Stunde. Mit diesem Verfahren lässt sich ein Verständnis über die Bedeutung von Kalendergeschichten über die Jahrhunderte hinweg entwickeln.

Lösungen

Klett Stundenblätter → S. 18

Kopiervorlage 8

1 und 2

	Kalendergeschichten	
1.	- sind einfach formuliert - haben oft eine Pointe - sollen die Leser unterhalten	X X X
2.	- sollen die Leser belehren und aufklären - haben meist eine politische Absicht - beschreiben merkwürdige Ereignisse	X ☐ X
3.	- sprechen die einfache Bevölkerung an - wollen die gesellschaftlichen Verhältnisse verändern - haben einen religiösen Anspruch	X ☐ ☐
4.	- sind witzige Geschichten - formulieren eine explizite Moral - besitzen eine klare, wiedererkennbare Struktur	☐ ☐ ☐

Klett Stundenblätter → S. 19/20

Kopiervorlage 9

1 Das Thema der Erzählung wird in drei klar gegliederten Abschnitten entfaltet. Die Vorgeschichte wird historisch wie geografisch festgelegt. Inhaltlich geht es um die Verlobung des jungen Paares, das Liebesversprechen der Braut und den Tod des Bräutigams noch vor der Hochzeit. Der knappe Mittelteil umreißt in zeitraffenden, parataktischen Satzreihen das weltgeschichtliche Geschehen der folgenden fünfzig Jahre, das meist aus Kriegen, Zerstörung und Chaos besteht, und verbindet es mit den Alltagstätigkeiten der Menschen. Der ausführlichste dritte Teil der Erzählung geht auf das sensationelle Ereignis, das Auffinden der mumifizierten Leiche des Bräutigams, ein.

2 Hebel folgt den Charakteristika einer Kalendergeschichte weitgehend. Seine Pointe bleibt textimmanent; durch den Vorbildcharakter seiner Protagonistin ergibt sich auch für den Leser der Verweis auf eine über das Leben hinausreichende Treue und die Gewissheit, dass es im Jenseits eine Wiedervereinigung der Partner geben wird.

3 Der erste Abschnitt beschreibt im Rückblick die Beziehung des jungen Brautpaares, die Hochzeitsvorbereitungen, das Treuegelöbnis, die Zukunftsplanungen und den Tod des Mannes im Bergwerk.
Der zweite Abschnitt schildert die spektakulären Ereignisse der folgenden 50 Jahre: Kriege und Naturkatastrophen, den Tod von Monarchen. Das alltägliche Geschehen läuft scheinbar unbeeinflusst weiter. Erst im dritten Abschnitt wird das „unverhoffte Wiedersehen" geschildert: das Auffinden der jugendlich aussehenden mumifizierten Leiche des Bergmanns und die Begegnung mit der zur Greisin gewordenen Braut, die bei ihrem Treueschwur geblieben ist. Sie verlässt sich auf eine gemeinsame Zukunft im Jenseits.
Die kontrastiv gesetzten Passagen zum chaotischen Weltgeschehen und der durch Treue und Fortbestand der Liebe geprägten privaten Beziehung bilden den Kern der Kalendergeschichte. Deutlich wird der äußerliche Unterschied zwischen der unverändert jugendlich wirkenden Leiche und der alt gewordenen Braut. Innerlich bleibt aber die gleiche Verbundenheit und Treue wie vor dem Unglück bestehen. Sie hat ihr Treuegelöbnis gehalten und ist sicher, dass sie mit ihm im Jenseits wieder vereinigt sein wird.

Klett Stundenblätter → S. 21

Kopiervorlage 10

1 Botho Strauß knüpft mit seiner Erzählung direkt an Hebels Text an. Im Gestus des mündlichen Erzählens („Da gab es ...") schildert er die Beziehung eines modernen Paares in einer bürgerlich-handwerklichen Ordnung. Diese fest gefügte Struktur wird durch den männlichen Protagonisten aufgebrochen, der seine Frau verlässt. Auch er kommt zurück, sucht seine Partnerin auf und will sie unterstützen. Sie lehnt sein Angebot ab und schickt ihn wieder weg – eine völlige Negierung der Werte und Beziehungsstrukturen, die in Hebels Kalendergeschichte geschildert werden.

2 Bertolt Brecht lässt in seiner Keuner-Geschichte zwei Haltungen in einer Partnerschaft gegenüberstehen. Es geht um das „Kennen" des Partners: Selbstgewissheit auf der einen Seite, bedingt durch Offenheit und jahrelanges Zusammenleben, Unsicherheit auf der anderen Seite wegen der häufigen Widersprüche und Unstimmigkeiten, der Unklarheit über die Liebesbeziehung ... Gerade das mache, so Keuner, allerdings die Qualität der Beziehung aus. Brecht variiert die Form der Kalendergeschichte, indem er sie als Muster für seine Lehrstücke übernimmt. Eine scheinbar banale Frage wird durch die überraschende Pointe am Ende zur Erkenntnis einer Lebensweisheit geführt: Liebe, so könnte man sagen, entsteht gerade durch die Offenheit und Unkenntnis über die Beweggründe des Anderen.

3

	Beziehung, Partnerschaft	Weltgeschehen	sprachlich-erzählerische Gestaltung
Hebel	Treue bis über den Tod hinaus	Chaos, Zerstörung, Tod vs. alltägliche Arbeit	lange parataktische Sätze, klare Textgliederung, auktorialer Erzähler
Brecht	Eine echte Partnerschaft braucht Offenheit und Veränderungsmöglichkeiten.	reiner Bezug auf die Privatsphäre	Minimalhandlung: Einleitung/ zwei knappe Dialoge/Konsequenz Keuners
Strauß	Ein egoistischer Mann, eine leidende Frau; Beziehungslosigkeit, die nur noch durch Mitleid aufrechterhalten werden kann.	Verzicht auf jede Schilderung von Weltgeschehen, materieller Erfolg des Ehemannes vs. Einsamkeit der Frau	knappe parataktische Sätze, ein Abschnitt, auktorialer Erzähler

4 Offensichtlich wird die Beziehung zum Anderen und auch zur Welt im Lauf der Zeit problematischer. Nach der Krisenerfahrung der Moderne, den Weltkriegskatastrophen im 20. Jahrhundert und dem Zusammenbruch ideologisch ausgerichteter Gesellschaften ist das Vertrauen auf ein endzeitliches Modell nicht mehr vorhanden. Die Liebe wie auch der Blick auf die Welt sind nicht mehr auf religiöse Zuversicht gegründet. Die Sprache wird knapper, direkter, lakonischer. Brecht ist wohl der letzte Autor, der sich zutraut, auf der Basis seiner marxistischen Theorie Lebensweisheiten zu formulieren.

Modul IV: Merkmale der Parabel analysieren

Intention	In dieser Sequenz sollen die Schülerinnen und Schüler erkennen, dass die Tradition der Parabeltexte über viele Jahrhunderte hinweg durch gleichnishafte Erzählungen bestimmt wird, die v.a. im religiösen Raum, aber auch im sozialen, politischen oder ökonomischen Bereich Leser über Fehlverhalten aufklären und zu einer Änderung veranlassen sollen. Diese Variante der Parabel trägt damit einen ausgeprägten didaktischen Charakter, der sie in die Nähe von Fabeln stellt. In einem zweiten Zugriff stehen Texte im Vordergrund, die sich seit dem Beginn des 20. Jahrhunderts und in Anlehnung an die psychoanalytischen Studien von Sigmund Freud mit dem Einfluss des Unterbewussten auf das Denken und Handeln von Menschen auseinandersetzen. Parabeltexte in der Tradition von Franz Kafka oder Robert Walser lösen sich von dem Schema einer eindeutig zu entschlüsselnden Beziehung zwischen Bild- und Sachebene. Ein einziger Sinn oder eine schlüssige Interpretation lassen sich kaum noch ermitteln. Die Zweideutigkeit, die mit der Parabelform immer schon angelegt ist, steigert sich hier zu einer prinzipiellen Unerschließbarkeit. Die Verbindung zwischen Bild- und Sachebene verlangt daher eine Annäherung in Analogieschlüssen. So können einzelne Informationen des Bildteils Hinweise auf das Gemeinte geben. Letztlich muss der Leser seinen Zugriff auf die Beziehung zwischen Gesagtem und Gemeintem finden. Das hinterlässt häufig Ratlosigkeit bei den Lesern, die sich dahingehend äußern, dann könne ja jeder aus diesen Texten herauslesen, was er wolle. Dass sich die Parabeltexte nicht in dieser Beliebigkeit auflösen, soll im Folgenden vorgestellt werden. Bei aller Offenheit der Erzählungen soll am Ende deutlich werden, dass eine Interpretation möglich ist.
Zeitbedarf	1 Stunde (KV 11), 1 Doppelstunde (KV 12), 1 Stunde (KV 13), 1 Doppelstunde (KV 14), 1 Stunde (KV 15)
Material	KV 11: Merkmale der Parabel kennenlernen KV 12: Eine historisch gleichnishafte Parabel verstehen *Johann Gottfried Herder: Das größte Übel des Staats, die Ratte in der Bildsäule* KV 13: Eine moderne gleichnishafte Parabel verstehen *Klett-Editionen, Texte, S. 38 ff.: Erich Fried: Der Präventivschlag; Die Bibel, Genesis 4, 1–15* KV 14: Die surreale Welt einer modernen Parabel entdecken *Franz Kafka: Ein Traum* KV 15: Eine Interpretation einer modernen Parabel verfassen *Klett-Editionen, Texte, S. 90: Robert Walser: Das Götzenbild*
Didaktische Hinweise	Die Sequenz greift auf Vorkenntnisse der Schülerinnen und Schüler zurück; auf dieser Basis kann die Parabel Herders analysiert werden. Der Text bietet sich als Einstieg in die Parabelanalyse an, weil textimmanent bereits eine Deutung vorgegeben wird. Erst auf den zweiten Blick wird deutlich, dass die Erzählung einen Subtext besitzt, der die eigentliche Schärfe der Gesellschaftskritik erkennen lässt. Herders Parabel vertritt einen dezidiert gesellschaftspolitischen Anspruch. Der Autor variiert den Ansatz der Fabel, indem er in seinem Text eine charakteristische Tierfigur auftreten lässt. Zur Parabel passt dagegen der textinterne Interpret, der wie der Prophet in einem religiösen Gleichnis zunächst eine Bildebene aufbaut, die er anschließend selbst deutet, um damit indirekt zu Maßnahmen aufzurufen. Die sozialkritische Intention Herders geht jedoch weiter, als in dem „Lehrgespräch" des Ministers deutlich wird. Seine implizit provokative Absicht erschließt sich erst, wenn einem Motiv nachgegangen wird, das gerade nicht angesprochen wird: die fehlende Sinnhaftigkeit des absolutistischen Staates. Auch Erich Frieds Text baut auf dem Kontext religiöser Tradition auf, wenn er die Kenntnis der Kain-und-Abel-Geschichte in Genesis 4 voraussetzt. Er dekonstruiert den biblischen Referenztext jedoch derart, dass seine Parabel Gegenwartsbezug gewinnt und – wie bereits sein Titel zu verstehen gibt – die irrationale Logik von Militärstrategien infrage stellt.

Nachdem die Schüler das Prinzip der Parabelanalyse an Texten mit didaktischer Aussage erprobt haben, sollen sie ihre Kenntnisse auf die komplexeren Formen in den Erzählungen von Franz Kafka und Robert Walser anwenden. Bei der Erarbeitung soll ihnen die Fremdheit und Verfremdung der Texte Kafkas deutlich werden. „Ein Traum" ist im Kontext des Romans „Der Proceß" vermutlich 1916 oder 1917 entstanden. Kafka hat das Traumstück wohl aus dem „Proceß" ausgegliedert, weil es mit dem Ende seines Romans kontrastiert: Gibt es in der Parabel ein erlösendes Sterben, erfährt der Protagonist Josef K. im Roman ein brutales, verstörendes Ende, er stirbt „wie ein Hund". Robert Walsers Text „Das Götzenbild" ist 1913 erschienen und gleicht Kafkas Parabel auf verblüffende Weise. Er lässt ebenso eine eigene Welt entstehen, die für einen kurzen Moment aus den Fugen gerät, um danach nur scheinbar so weiter zu bestehen wie zuvor. Die Schüler sollen an diesem Beispiel ihre an Kafka gewonnenen Erkenntnisse anwenden und, indem sie die Erzählstruktur analysieren, eine vollständige Interpretation des Textes leisten. In ihrer Auseinandersetzung mit den Parabeln erschließen sie mithilfe von Analogieschlüssen die Textaussage. Sie entwickeln dabei mit literaturwissenschaftlichen Ansätzen ein eigenes Verständnis der Texte, erkennen im Austausch mit den Deutungen anderer Schüler Interpretationsmöglichkeiten und bewerten ihre Schlüssigkeit.

Zielvorstellungen/ Kompetenzbeschreibungen

Die Schülerinnen und Schüler
- analysieren und interpretieren Parabeln, indem sie eine angeleitete Methode der Textanalyse und -interpretation auf Kurzformen anwenden
- bringen ihre Vorkenntnisse über Struktur und Inhalt von Parabeltexten ein
- können zielgerichtet Informationen aus Texten entnehmen
- übertragen ihre Interpretationskenntnisse auf thematisch verwandte Texte aus unterschiedlichen Zeiten
- reflektieren den Zusammenhang zwischen den Texten und ihrer Entstehungszeit
- verstehen, weshalb traditionelle Formen aufgegriffen und wie sie verändert werden

Schwerpunktlernziele: Die Schülerinnen und Schüler
- erkennen das politische Anliegen Herders, indem sie die Bildebene der Parabel strukturieren und die im Text angelegte Deutung hinterfragen
- können diese Kenntnisse auf einen Text Erich Frieds übertragen; erkennen die prinzipielle Offenheit in den Texten von Franz Kafka und Robert Walser
- erkennen die Bedeutung psychologischer Prozesse für die Aussagen der Parabeln
- erkennen, dass die Uneindeutigkeit von Interpretationen die besondere Qualität dieser Parabeltexte ausmacht
- erkennen, dass es dennoch ein in Grenzen objektivierbares Ergebnis gibt

Sozialform

Einzelarbeit/Partnerarbeit/Gruppenarbeit/Unterrichtsgespräch

Methodisches Vorgehen/ Unterrichtsschritte

Zu Beginn der Stunde werden die Vorkenntnisse der Schülerinnen und Schüler in einem strukturierten Tafelbild festgehalten. Der Titel von Johann Gottfried Herders Text wird zunächst auf Folie/an die Tafel geschrieben, Assoziationen dazu werden ungeordnet notiert.

Im Anschluss wird der Text gelesen. Die Schüler gliedern die Parabel und untersuchen die drei großen Abschnitte auf ihre inhaltliche Bedeutung und auf die Art des Erzählens. Bild- und Sachebene können so erschlossen werden. Aus einem Vergleich mit den anfänglich genannten Assoziationen kann dann im Unterrichtsgespräch das Thema der Parabel gefunden werden. In einem vertiefenden Unterrichtsgespräch sollte geklärt werden, welche Bedeutung „die Bildsäule" trägt. Diese Parabel ist ein charakteristisches Zeugnis für die Zeit der Aufklärung. Der Autor geht mit den Auswüchsen des Absolutismus ins Gericht. Die Verlagerung des Ortes in ein fernöstliches Milieu dürfte in dieser Tendenz ihre Ursache haben. Ihr Sinn liegt darin, dem Leser die Möglichkeit zu bieten, scheinbar fremdes Verhalten aus der Distanz beurteilen und doch die eigene Situation wiedererkennen zu können. Es geht – noch – nicht darum, die absolutistischen Herrschaftsformen infrage zu stellen. Es wird vielmehr dem Herrscher nahegelegt, „aufgeklärt", das heißt an Recht und Gesetz orientiert zu regieren, um sich nicht selbst das Grab zu schaufeln. Die Kritik an den Zuständen am Hof wird zudem dadurch in ihrer Schärfe gemildert, dass sie von einem Angehörigen des Fürstenhofes selbst geäußert wird. Sie ist damit als Selbstkritik, nicht als Protest des Volkes zu verstehen. Mit dieser Textanalyse ist der Boden bereitet, um eine zweite Parabel aus den achtziger Jahren des 20. Jahrhunderts, der Zeit der atomaren Hochrüstung im Kalten Krieg, zu untersuchen. In ihrer Erarbeitung sollten die Schüler erkennen, dass Erich Frieds Text „Der Präventivschlag" Bezug nimmt auf die militärische Logik, indem er auf ein archetypisches Geschehen zurückgreift, den Brudermord im Alten Testament. Diese Intention der Parabel lässt sich auf aktuelle moralische wie militärpolitische Positionen übertragen.

Mit diesen Vorkenntnissen können die Schüler den folgenden Text Erich Frieds weitgehend im Unterrichtsgespräch erarbeiten. Als ersten Mordfall der christlich-abendländischen Tradition schildert die Bibel das Geschehen schrittweise. Im Fokus steht v.a. das Mordmotiv. In einem knappen Tafelanschrieb werden die Ergebnisse zusammengefasst. Auf dieser Grundlage soll dann Erich Frieds „Präventivschlag" gegliedert und anschließend mit der alttestamentarischen Vorlage verglichen werden. Deutlich wird, an welcher Stelle beide Texte auseinandergehen und welches Ergebnis sich damit einstellt. Die Intention Frieds ergibt sich schließlich aus der Überschrift seiner Parabel.

Bei der Erarbeitung der Parabeltexte von Franz Kafka und Robert Walser kann nach einem ähnlichen Schema vorgegangen werden. Die Schüler erstellen zunächst eine Wortliste zum Thema „Traum". Sie lesen im Anschluss den Text von Franz Kafka und erarbeiten in Partnerarbeit die Gliederung auf der Bildseite. Die Arbeitsergebnisse werden auf Folie festgehalten. In vier Arbeitsgruppen sollen dann zunächst die erzähltechnischen Aspekte untersucht werden, im Anschluss daran die sprachlichen Aspekte und ihre mögliche Intention. Die einzelnen Informationen können abschließend in einem Unterrichtsgespräch zu einer möglichen Textdeutung zusammengeführt werden. Dieses Verfahren kann zur Vorbereitung einer Klausur am Beispiel der Parabel von Robert Walser noch einmal eingesetzt werden. Hierzu erhalten die Schülerinnen und Schüler auch eine Zusammenfassung der Arbeitsschritte zum Verfassen eines Interpretationsaufsatzes.

Lösungen

Klett Stundenblätter → S. 22

Kopiervorlage 11

1 und 2

	traditionelle Parabeln, die belehren sollen	**komplexe Parabeln, die in surreale Welten führen**
Inhalt	Suche nach Wahrheit	surreale Welten
	Erkenntnis von sinnvollem Handeln	
	häufig religiöser Hintergrund	Lösung vom religiösen Bezug
Form	Unterscheidung Bildteil - Sachteil	Bezug Bildteil-Sachteil wird offener
	Einbindung in Gesprächssituation	meist ohne Einbindung in Gesprächssituation
	sachlicher Stil, knappe Form	sachlicher Stil, knappe Form
	komprimierte, reduzierte Sprache	unterschiedliche Varianten möglich

Die Parabel kann nicht in allen Teilen auf die Wirklichkeit übertragen werden. Sie stimmt meist nur in einem Vergleichspunkt mit dem gemeinten Objekt überein. Der Leser muss das Gemeinsame, in dem die zwei verschiedenen Sachverhalte übereinstimmen, selbst entdecken.

Klett Stundenblätter → S. 23

Kopiervorlage 12

1 Hier werden individuelle Assoziationen erwartet. Es könnte deutlich werden, dass ein Bildbereich („die Ratte in der Bildsäule") auf den Sachbereich „Staat" trifft. Die Verbindung beider Bereiche bleibt zunächst völlig rätselhaft.

2 Herders Text lässt sich in drei Abschnitte untergliedern: Die ersten drei Zeilen bilden die Einleitung (die Frage des Prinzen nach der größten Gefahr im Staat). Darauf folgt eine erste, als Bild formulierte Antwort (Z. 4 f.). Weil der Prinz diese Metapher nicht versteht, wird sie im folgenden Abschnitt aufgeschlüsselt (Z. 9–19). Der letzte Abschnitt enthält auf die erneute Frage des Prinzen hin eine Deutung des Bildes (Z. 20–26).

	Bildbereich „Ratte in der Bildsäule"	**Sachbereich „Staat und Gesellschaft"**
Verhalten der Ratte	hat sich in die Bildsäule hineingearbeitet und höhlt sie weiter aus (das geht wohl bis zur Zerstörung der Bildsäule)	verderben alles, haben „weder Verdienst noch Tugend" (Z. 21 f.), schmeicheln sich bei den Fürsten ein
Verhalten der Menschen gegenüber der Ratte	finden kein Mittel gegen sie (die Bildsäule könnte zerstört werden)	sehen zu, wie die Ratten alles „verderben", sind ihnen gegenüber machtlos, weil sie „die Gunst des Fürsten" (Z. 22 f.) besitzen
Ergebnis	die Ratte überlebt, richtet weiteren Schaden an	die Ratten ruinieren den gesamten Staat
Absicht der Parabel, Deutung	Verantwortlich für die Wahl dieser Textart dürfte der Rangunterschied zwischen Prinz und Minister sein: Die Reaktion auf die Frage des Prinzen verlangt viel Feingefühl, denn in ihr liegt Zündstoff für die Situation am Hofe. Die Erläuterung macht deutlich, dass sie auf die Karrieristen gemünzt ist, die ihre Position ausschließlich der Gunst des Fürsten verdanken und durch die Ehrerbietung des Volkes gegenüber dem Herrscher geschützt werden. *Der Subtext:* Der Prinz hinterfragt nicht den Sinn der „Bildsäule" – obgleich der Hinweis, sie sei „inwendig hohl und von außen bemalet" ein charakteristisches Bild auf die Verhältnisse im Staat wirft: die absolutistischen Kleinstaaten sind durch Luxus und Verschwendungssucht geprägt und haben ihren eigentlichen Sinn, die Bevölkerung nach außen zu schützen und in ihrer inneren Entwicklung zu fördern, weitgehend verloren. Getragen werden sie nur noch durch die Ehrfurcht der Bevölkerung gegenüber dem Herrscherhaus.	

Klett Stundenblätter → S. 24

Kopiervorlage 13

1 **Teil 1:** Die Hinführung zum Brudermord

Abs. 1 Rückgriff: Abel weiß, dass sein Bruder ihn töten will.
Abs. 2 Angst vor der größeren Kraft des Bruders
Abs. 3 Hoffnung, dass derjenige, dem geopfert wird, Abel überleben lässt.
Abs. 4 Entschluss Abels, einem Mordanschlag zuvorzukommen.
Abs. 5 Abel beschließt, Kain zu töten – dessen abgewandter Kopf bietet ihm die Möglichkeit dazu.

Die Leerstelle zwischen Z. 49 und Z. 50 markiert den Mord.

Teil 2: Die Selbstrechtfertigung der Tat

Abs. 6 Nach dem Mord: Abel rechtfertigt die Tat; er sieht sich als von Gott ausgewählten Vollstrecker.
Abs. 7 Die Stimme des Herrn unterbricht das Selbstgespräch: Abel wird mit „Kain" angesprochen.
Abs. 8 Abel versucht den Irrtum aufzuklären, indem er dem toten Kain das Laub vom Gesicht nimmt.
Abs. 9 Abel ist fassungslos: Sein Gesicht gleicht demjenigen Kains.
Abs. 10 Zeitsprung: Abel ist tatsächlich identisch mit seinem Bruder geworden.

2 Genesis 4, 1–15

Gen 4, 1: Ausgangssituation: Kain ist das erstgeborene Kind, Abel der zweite Sohn von Adam und Eva.
Gen 4, 2: Unterschiedliche Lebenskonzepte: Kain als sesshafter Ackerbauer, Abel als nomadisierender Schafhirte
Gen 4, 3–4: Opfergaben: Bevorzugung Abels, Zurückweisung Kains
Gen 4, 5: Enttäuschung Kains über die (ungerechtfertigte) Zurückweisung, Neid auf den Bruder
Gen 4, 6–7: Warnung Gottes
Gen 4, 8: Der Mord an Abel
Gen 4, 9: Konfrontation mit der Tat/Leugnung Kains
Gen 4, 10–12: Die Folgen der Tat: Kain wird verflucht, er wird zum psychischen Nomaden.
Gen 4, 13–14: Angst Kains vor der Bestrafung
Gen 4, 15: Das Kainsmal

3 und 4 Der Titel gibt die Intention Erich Frieds vor. Ein Präventivschlag bedeutet in der Logik des Militärs, dass eine gegnerische Streitmacht geschwächt oder vernichtet wird, weil ihr aggressive Absichten unterstellt werden. Um den Vorteil eines Überraschungsangriffs zu wahren, will man diesem Angriff zuvorkommen. Die Legitimation des Angriffs besteht darin, dass die eigene Sicherheit geschützt werden müsse – eigene Machtinteressen werden nicht genannt. Für diese Logik gibt es historische Beispiele: etwa den Beginn des 6-Tage-Kriegs durch Israel im Juni 1967 oder den dritten Golf-Krieg 2003, der von George W. Bush als „Präventivschlag" bezeichnet wurde. Erich Frieds Text lässt erkennen, dass in dieser Logik Täter und Opfer nicht mehr zu unterscheiden sind. Indem das Opfer das Machtdenken der Gegenseite übernimmt, verliert es jede moralische Rechtfertigung. Überheblichkeit und Selbstgerechtigkeit treten an die Stelle einer nur noch behaupteten Bedrohungslage, die zu ideologischer Propaganda aufgeblasen wird. Letztlich werden beide Gegner austauschbar. Zu diskutieren wäre, inwieweit dieser Text auch in einer Post-Kalte-Kriegs-Ära Aktualität besitzt.

Klett Stundenblätter → S. 25/26

Kopiervorlage 14

1 Hier sind individuelle Lösungen erwünscht. Die Wortliste könnte verdeutlichen, dass die „Logik" des Traums sich sehr unterscheiden kann von den Gesetzen der realen Welt.

2 Gliederung der Bildebene

1. Satz	Verweis auf das Traumgeschehen
Z. 2–31	Josef K.'s Weg über den Friedhof, die Entdeckung des Grabhügels, die Konfrontation
Z. 32–51	Beschreibung des Grabsteins, die Arbeit des Künstlers
Z. 51–71	Missverständnis K.'s, das Stocken des Künstlers
Z. 72–83	K.'s Einsicht , sein Versinken im Grab
letzter Satz	Verweis auf das Traumgeschehen

3

Erzählform/Erzählverhalten: Erzählt wird durch einen außenstehenden Er-Erzähler; personales Erzählverhalten: Der Erzähler tritt hinter die Figur Josef K. zurück, er sieht die erzählte Welt aus seinen Augen.

Erzählte Zeit: „Es war ein schöner Tag" (Z. 2): Die Angabe bezieht sich auf die Zeit der Traumerlebnisse, nicht auf eine reale Tageszeit.

Erzählort: Ein Friedhof mit besonderen Eigenschaften („Es waren dort sehr künstliche, unpraktisch gewundene Wege", Z. 4 f.)

Erzähltes Geschehen: Umfasst das Handeln der erzählten Figuren und der Ereignisse auf dem Friedhof. K. ist zunächst passiver Zuschauer, er wird erst mit seiner freiwilligen Grablegung im letzten Abschnitt aktiv.

4 1. Abschnitt: Vergleich „wie auf einem reißenden Wasser" (Z. 6 f.), Verben aus dem Bereich der Fortbewegung („gleiten", „schweben", „rasen") verweisen auf die intensive Anziehungskraft des offenen Grabes; Temporaladverbien („kaum", „schon", „während", „plötzlich", „sofort", „gleich") verweisen auf die Gleichzeitigkeit in der Abfolge des Geschehens.

2. Abschnitt: Paradoxe Zusammenstellung „gewöhnliche(r) Bleistift" – „Goldbuchstaben" (Z. 39 f.) verweist auf die Faszination des Geschehens; parataktischer Satzbau verweist auf die durch K. bewirkte Verzögerung des Geschehens.

3. Abschnitt: Emotionale Verben und Adjektive („war untröstlich", „weinen", „schluchzen" „wütend"); Superlativ („mit dem äußersten Widerstreben", Z. 68) verweisen auf die Anspannung K.s und des Künstlers.

4. Abschnitt: Asyndetische Kurzsätze, mit Semikolon verbunden („alles schien vorbereitet; nur zum Schein war eine dünne Erdkruste aufgerichtet", Z. 77 f.) verweisen auf die Hektik des Geschehens; Partizipialkonstruktionen („von einer sanften Strömung auf den Rücken gedreht", „den Kopf im Genick noch aufgerichtet", Z. 79–81) – verweisen in Verbindung mit der Konjunktion „während" auf die Gleichzeitigkeit und Freiwilligkeit des Geschehens.

5 und 6 Nimmt man die verschiedenen Facetten der Geschichte zusammen, ergibt sich ein komplexes Bild: Kafka schildert ein inneres Geschehen, das mit dem ersten und dem letzten Satz zusammengefasst wird. Es geht um einen Traum, der sich den Gesetzen der Logik und der Schwerkraft entzieht. Der Autor greift dabei auf die Schriften Sigmund Freuds zur Traumdeutung zurück, die dieser wenige Jahre zuvor (1900) veröffentlicht hat.

Die raumlich-zeitliche Struktur bleibt unbestimmt. Die auftretenden Personen haben keine eigene Bedeutung, sondern existieren nur in ihrer Funktion für Josef K. Auch die in Blick genommene Szenerie ist auf K. bezogen. Der Grabhügel wartet schon auf ihn, die Fahnen schmücken den Friedhof für seine Grablegung, noch bevor er von seinem Ende weiß. Ebenso bezieht sich das Läuten der Totenglocke auf ihn. Die zunächst absurd wirkenden Passagen erscheinen für die Textdeutung von besonderer Wichtigkeit. Warum übt das Grab eine derartige Anziehungskraft aus? Was soll man mit einem Bildhauer anfangen, der statt eines Meißels einen Bleistift benutzt? Welche Beziehung besteht zwischen K. und dem Künstler? Warum bejaht K. sein Sterben? Warum ist die Grabinschrift von seinem freiwilligen Versinken ins Grab abhängig?

Man kann annehmen, dass eine enge Bindung zwischen Josef K. und dem Künstler besteht, damit auch zwischen dem Tod und dem Schreiben, der Kunst generell. Zwänge des Alltags – hier des Künstlers, der sich weit vorbeugen muss, um seine Inschrift anzubringen – müssen überwunden werden. Er kämpft mit aller Wut gegen „irgendein Hindernis" (Z. 47 f.) und bereitet damit das Grab, das für K. zur „Erlösung" (Z. 67) wird.

Beide Figuren, der Künstler und K., verschmelzen in diesem Bild zu einer Person. Die Affinität zwischen Grabinschrift und literarischer Produktion wird im Text durch den Bleistift deutlich. Die Schlussszene zeigt, dass keine von Josef K. unabhängige Figur zur Vervollständigung der Inschrift nötig wird. Das freiwillige Sterben K.s führt automatisch dazu, dass die Inschrift „mit mächtigen Zieraten über den Stein" jagt (Z. 83). Am Ende erwacht K. „entzückt von diesem Anblick" (Z. 84). Ihm bleibt eine Ahnung von Ruhe und Erlösung im Tod, von der Nähe von Kunst und Tod, ohne dass er sie vermutlich im wachen Leben formulieren könnte.

Klett Stundenblätter → S. 27

Kopiervorlage 15

1 a) Gliederung der Bildebene:
Satz 1: Der selbstsichere und „gesittete" junge Mann besucht ein Museum.
Satz 2: Er wird von einem „rohe(n) Götzenbild" „verzaubert".
Satz 3: Er reagiert mit „Barbarenwonne".
Satz 4: Nur mit Mühe befreit er sich von diesem Eindruck.
Satz 5: Er erholt sich von seinem „panikartigen Entsetzen".

b) Erzähltechnische Aspekte:
Erzählform/Erzählverhalten: Erzählt wird durch einen außenstehenden Er-Erzähler; personales Erzählverhalten: Der Erzähler tritt hinter die Figur des jungen Mannes zurück, er sieht die erzählte Welt aus seinen Augen. Im letzten Halbsatz wendet sich ein auktorialer Erzähler an den Leser.
Erzählte Zeit: „Eines Tages" (Z. 3): vage Zeitangabe
Erzählort: Ein – offensichtlich ethnologisches – Museum mit besonderen Ausstellungsobjekten.
Erzähltes Geschehen: Umfasst das Handeln des Protagonisten im Museum. Der junge Mann ist zunächst unterwegs, „um die Altertümer zu studieren" (Z. 3 f.), er gerät dann in den Sog einer archaischen afrikanischen Zauberwelt, der er sich erst außerhalb des Museums wieder entziehen kann.

c) Sprachliche Aspekte:
Langgezogene hypotaktische Satzbauten, die jeweils durch Adverbialsätze und eine Fülle von Adjektiven präzise Informationen über das Handlungssubjekt, das Geschehen und das Ausstellungsobjekt enthalten; 1. Satz: Zwei Relativsätze verweisen auf die Sicherheit und das Glück des Protagonisten („niemand zweifelt", „fraglos", Z. 1 f.); 2. Satz: Zeichnet den Weg durch das Museum nach bis zur Begegnung mit dem Götzenbild; paradoxe Zusammenstellung: „abschreckend und plump" – „mächtigen/übermächtigen Eindruck" (Z. 9 ff.);
3. Satz: Reihung von hypotaktischen Kurzsätzen verweist auf die panikartige Reaktion; Vergleich („gleich einem angeschwollenen reißenden Bach", Z. 13), Alltagsmetapher („das Haar stieg ihm zu Berg", Z. 13 f.); Wortneuschöpfung („Barbarenwonne", Z. 17 f.) verweist auf die lustvolle Unterwerfung, die Verehrung des Götzenbildes wider Willen; 4. Satz: Widerspruch „schreckenerregende Umdunkelung" – „lieblich helle(s) Bewusstsein" (Z. 21 f.) verweist auf den mühsamen Sieg des Bewusstseins über das Unterbewusste; 5. Satz, 1. Teil: Vergleich „als wenn hinter ihm Feuer ausgebrochen sei" (Z. 23 f.); Begriffe aus dem Bereich des Horrors: „stürmischen Schritten", „jagte und stürzte", „panikartige(s) Entsetzen" (Z. 23 ff.) verweisen auf die fundamentale Erschütterung; 2. Teil: Wendung/Ratschlag an den Leser

d) Die Albtraumstruktur: Robert Walser zeigt, wie brüchig die bürgerliche Existenz ist. Die Welt erlebt er als bedrohlichen, unüberschaubaren Kosmos, in dem ein Moment ausreicht, um die scheinbare Selbstsicherheit zusammenbrechen zu lassen. Sein Ethnologiemuseum verweist auf den kolonialen Geist moderner europäischer Zivilisation gegenüber afrikanischer Kultur und Tradition, deren Fetische vorgeführt werden. Ein mythisches Element – hier eine afrikanische Statue – zeigt jedoch, wie schnell sich diese überheblich-distanzierte Haltung auflöst. Die entspannte Gelassenheit des Flanierens wandelt sich zu einer Reaktion sinnlicher Hörigkeit. Das Unterbewusstsein schiebt den Intellekt beiseite; der große Pan erscheint, dem das Individuum kaum noch etwas entgegenzusetzen hat. Das „rohe Götzenbild" „verzaubert" „Leib und Seele" (Z. 11 f.): Die sexuelle Konnotation des Objekts verlangt eine lustvolle Unterwerfung. Es bedarf einer Gewaltanstrengung, um sich aus dieser Verstrickung zu lösen. Deutlich wird, wie dünn der Firnis ist, der die Zivilisation bändigt, wie beängstigend schnell eine „schreckenerregende Umdunkelung" (Z. 21) den Einzelnen überrollt und der Vernunft beraubt. Die Rückkehr zur Tagesordnung, an die „freie Luft" von Licht und Aufklärung gelingt nur mit Mühe. Die Gefahr bleibt weiter bestehen, sie veranlasst den Protagonisten zu tiefem Nachdenken. Auch die beschwichtigende Aufforderung des Erzählers an den Leser in der abschließenden Phrase kann dem Angst einjagenden Einbruch des Unterbewussten in das Alltagsgeschehen keine wirklich beruhigende Position entgegensetzen.
Robert Walser hat in dieser Miniatur aus dem Jahr 1913 die Handlung als innerpersonalen Prozess eines jungen Mannes geschildert. Damit hat er aber auch schon einen Blick in die Zukunft des 20. Jahrhunderts geworfen.

Modul V: Nachkriegserfahrungen – Zeitumstände berücksichtigen

Intention	In diesem Modul soll das Verhältnis zwischen gesellschaftlichen Erfahrungen und ästhetisch-stilistischen Formen im Fokus stehen. Die Schülerinnen und Schüler lernen, wie stark die Literatur der Jahre 1945/46 mit den Problemen der Zeit verknüpft ist. Das Ende des 2. Weltkriegs und der Zusammenbruch der nationalsozialistischen Diktatur bedeutet, dass alle gewohnten Strukturen zusammengebrochen sind. Das betrifft das gesellschaftliche, politische und wirtschaftliche Leben allgemein, das erst mühsam wieder in Gang kommt, die künstlerische Produktion aber im Besonderen. Die Zeit des Nationalsozialismus bedeutet eine 12 Jahre währende Zäsur: Traditionslinien sind verschüttet, der Kontakt zu den Trends im Ausland abgebrochen, die wichtigsten deutschen Autoren, Künstler, Journalisten vertrieben. Was bleibt, ist zunächst Orientierungslosigkeit. Die traditionellen Texte der älteren Autoren sagen den jungen deutschen Schriftstellern nichts mehr, die der Emigranten sind ihnen fern. Ein Thema verbindet bei aller Unterschiedlichkeit der Gegenstände und Formen die Nachkriegsliteratur: die unerträgliche Lage nach dem Zweiten Weltkrieg und die Frage, welche Perspektiven taugen. Die neue Situation ist damit nicht nur von einer existenziellen Bedrohung durch Hunger und Überlebensstrategien in einer Trümmerlandschaft geprägt, sondern auch durch die Erfahrung neuer Freiräume. Damit bildet sich im Kulturleben auch eine enorme Experimentiermöglichkeit heraus, die es auszufüllen gilt. Gerade die Schriftsteller versuchen – sofern sie es nicht vorziehen, an die Standards der traditionellen bzw. der im Nationalsozialismus verbreiteten Literatur anzuknüpfen –, ihr Metier neu zu bestimmen. Gefragt sei ein literarischer „Kahlschlag", so Wolfgang Weyrauch in seiner 1949 erschienenen Anthologie „Tausend Gramm". Gebraucht werde eine neue Sprache, die sich von den pathetischen Floskeln des Nationalsozialismus löst, und Themen, die mit den eigenen Erfahrungen aus Kriegs- und Nachkriegszeit zu tun haben. Wolfgang Borchert drückt in seinem „Manifest" diese Haltung präzise aus. Im Fokus steht in diesem Modul daher auch die Hinwendung zu einer neuen, radikal entschlackten Sprache, die charakteristisch für die frühen Zeugnisse der bundesrepublikanischen Literatur ist.
Zeitbedarf	1 Stunde (KV 16), 1 Doppelstunde (KV 17)
Material	KV 16: Die politische und gesellschaftliche Situation im Nachkriegsdeutschland erfassen KV 17: Konsequenzen der Nachkriegserfahrungen für die Literatur untersuchen *Klett-Editionen, Materialien, S. 102: Wolfgang Borchert: Das ist unser Manifest* *Günter Eich: Inventur; Wolfgang Borchert: Die Katze war im Schnee erfroren*
Didaktische Hinweise	Zunächst sollen die Schülerinnen und Schüler mit einer Welt konfrontiert werden, die sie vermutlich aus der Nachrichtenwelt des Fernsehens und des Internets mit den Konsequenzen aktueller Kriege verbinden: Trümmerlandschaften, die Macht von Besatzungstruppen, existenzielle Not und der Überlebenswille einer auf ein Existenzminimum reduzierten Nachkriegsbevölkerung. In die historische Situation nach dem Ende des 2. Weltkriegs sollen die Fotos einführen. Darüber hinaus könnte aber auch ein Film über diese Zeit als Einführung gezeigt werden. Eine sehr instruktive und didaktisch gut aufbereitete Dokumentation stellt der Film „Die deutsche Frage I. Nachkriegszeit 1945–1949" von Anne Roerkuhl dar. Es bietet sich an, die Sequenzen 1.3 „Kultureller Neubeginn" bis zum Ende des Moduls 2.3 „Winterkrise 1946/47" herauszugreifen. Sie gehen auf das Alltagsleben und auf kulturelle Phänomene ein. (Anne Roerkuhl „Geschichte interaktiv 7. Die deutsche Frage I. Nachkriegszeit 1945–1949"/ Minute 31.30–47) (© Anne Roerkuhl dokumentArtfilm GmbH). Als gemeinsames Merkmal sollte erkannt werden, wie sehr diese Zeit von existenziellen Notlagen, aber eben auch der Chance zum Neuanfang und zu Experimenten geprägt ist.

Zielvorstellungen/ Kompetenzbeschreibungen	Die Schülerinnen und Schüler - lernen die historische Situation der Jahre 1945/46 in Deutschland kennen - erkennen die starke Zeitbezogenheit der Literatur - erkennen und beschreiben die inhaltlichen und stilistischen Eigenheiten von Texten aus dieser Zeit Schwerpunktlernziele: Die Schülerinnen und Schüler - lernen zwei Vertreter einer neuen Schriftstellergeneration, ihr Selbstverständnis und ihre Schreibweise kennen - belegen ihr Verständnis, indem sie die sprachliche Reduktion der Autoren als Ergebnis einer Neubestimmung von Literatur erkennen - verstehen den Versuch, eine neue Sprachform zu entwickeln, als Antwort auf die militärische und moralische Niederlage Nazideutschlands und auf die beschädigte Literatur des Nationalsozialismus
Sozialform	Einzelarbeit/Gruppenarbeit/Unterrichtsgespräch
Methodisches Vorgehen/ Unterrichtsschritte	Zu Beginn der Stunde werden die Schülerinnen und Schüler nach ihren Vorkenntnissen bzw. Assoziationen zur deutschen Situation nach dem verlorenen Krieg befragt. Die erwarteten Antworten werden anschließend mithilfe der Fotos zu Alltagserfahrungen in Deutschland 1945/46 strukturiert. Die Ergebnisse werden in Gruppenarbeit in einem Arbeitsblatt festgehalten. In einem zweiten Schritt wird dieses Schema auf das kulturelle Leben im Nachkriegsdeutschland übertragen. Der folgende Unterrichtsschritt knüpft unmittelbar an die beiden ersten an, indem er einen inhaltlichen Aspekt, der schon zum Ausdruck kam, herausgreift und vertieft. Der Einstieg kann daher über eine ausführlichere Interpretation des Gedichts „Inventur“ von Günter Eich erfolgen, dessen Titel programmatisch das Selbstverständnis der unmittelbaren Nachkriegsliteratur formuliert. Vom Bild der „Inventur“, der Überprüfung von Soll und Haben, kann dann der Zugang zur folgenden Kurzgeschichte von Wolfgang Borchert leichter gefunden werden.

Lösungen

Klett Stundenblätter → S. 28/29

Kopiervorlage 16

1 Zerstörung/Kriegsversehrte/bedingungslose Kapitulation/Hunger/Elend/Schwarzmarkt/Besatzungsregime …

2 Alltag in der deutschen Nachkriegsgesellschaft

	äußere Situation	**psychische Folgen**
Wohnsituation in den Städten	Trümmerwüsten, zerstörte Infrastruktur (Straßen, Wasser-, Elektrizitätsversorgung …)	Angst, Ungewissheit, Not
Situation von Frauen	Frauen bewältigen den Alltag, improvisieren (Schwarzmarkt), sind beim Aufräumen der Trümmer aktiv	Zwang zur Selbstständigkeit, gestärktes Selbstbewusstsein
Situation von Männern	sind passiv, arbeiten nicht, Selbstmorde	traumatisiert durch Krieg und Gefangenschaft, Angst, zur Verantwortung gezogen zu werden
Zusammenfassung	Die Situation nach 1945 ist geprägt durch Hunger, Elend, menschliche Opfer.	Die Menschen stehen zunächst unter Schock, zeigen Unsicherheitsgefühle, passen sich erst langsam den neuen Lebensbedingungen an.

Klett Stundenblätter → S. 30/31

Kopiervorlage 17

1 Die Zeit verlangt nach einer klaren, einfachen Sprache und starken Gefühlen. Nachdem die Sprache in der Zeit des Nationalsozialismus zu ideologischen Phrasen missbraucht wurde, ist jetzt eine ehrliche, authentische, emotionale Stimme gefragt.
In einem Satz zusammengefasst: „Wir schreiben über unsere Erfahrungen, sprechen Klartext ohne literarische Verbrämung."

2 Das Gedicht ist 1945 im Kriegsgefangenenlager bei Remagen entstanden; veröffentlicht wird es 1948 im Gedichtband „Abgelegene Gehöfte". Günter Eich beschreibt mit drastischem Realismus die materielle Not des Kriegsgefangenen, seine Verwahrlosung, den Kampf gegen Schmutz, Elend, Entpersönlichung.

a) Der Titel „Inventur" bedeutet Bestandsaufnahme, Klärung des Vorhandenen oder Noch-Vorhandenen. „Mütze/Mantel/Beutel" verweisen auf Gegenstände für den täglichen Gebrauch. Sie deuten auf die Reduktion des lyrischen Ichs auf die nackte Existenz hin.

b) Beschrieben wird die enge Welt eines Gefangenenlagers, in der jeder auf sich selbst angewiesen und Mitgefangenen gegenüber misstrauisch ist. Nur Gegenstände zählen, von Menschen ist nicht die Rede.

Begriffe wie „Bleistiftmine", „Notizbuch", „lieb" passen nicht in dieses Bild: Die poetische Aktivität des Schreibens durchbricht diesen Horizont. Sie bildet ein Gegengewicht, das eine affektive Bindung entstehen lässt.

c) Hinter den materiellen Dingen des Alltags wird ein „Mehr" gesucht, das den Menschen aus der banalen Situation des Lagerlebens enthebt. Strophe 6 deutet einen möglichen Weg der Selbstvergewisserung des lyrischen Ichs an: das Schreiben von Lyrik, das hier aber quasi automatisch durch „die Bleistiftmine" vorgenommen wird.

d) Formal fällt v.a. die kunstlose, nüchterne Sprache auf, ein reduzierter Gebrauch von Adjektiven und Verben. Dominant ist die präzise Aufzählung von Nomina (Inventurliste!).

Die Formverknappung (Verzicht auf Verse und Reime) verweist auf ein Prosagedicht, das in Strophe 1 und 7 einen Rahmen besitzt. Der Verzicht auf alle schmückenden Beigaben betont lakonisch die Reduktion des eigenen Lebens auf die existenzielle Basis.

Deutung: Das Gedicht verzichtet auf jeden Kommentar oder eine Moral. Beschrieben wird lediglich, was die Situation sachlich bestimmt. Im Vordergrund stehen das schockierende Erlebnis der Gefangenschaft und die Einsicht in die Notwendigkeit einer Klärung der eigenen Lage. Nichts kann von früher übernommen werden, abgesehen von den gewöhnlichsten Gebrauchsgegenständen. Nur ein sachlicher Weg bleibt, alle Ideale sind verflogen. Die frühere Wahrheit hat sich als falsch erwiesen, auch das Kommende ist in jeder Hinsicht fragwürdig.

3 Borcherts Geschichte folgt konsequent dem Programm, das er in seinem „Manifest" entworfen hat. Er behandelt die Sprache mit einem Höchstmaß an Reduktion, um damit die Beobachtungen zu präzisieren und mit wenigen ausdrucksstarken sprachlichen Bildern zu intensivieren. Die Geschichte hat einen klaren Aufbau (das Bild des zerstörten Dorfes im ersten, den Befehl zur Inbrandsetzung im zweiten, den unauslöschlichen Eindruck davon im dritten Absatz). Borchert macht deutlich: Das Geschehen ist nicht mehr wiedergutzumachen, es brennt sich in das private und öffentliche Gedächtnis ein – eine Perspektive erscheint fragwürdig. Auch die Religion und das Christentum (Anspielung auf Ikonen im ersten Abschnitt) bieten keine Hilfe mehr. Eine vage Möglichkeit, sich von der Erinnerung an die Katastrophe zu lösen, scheint der dritte Abschnitt zu bieten. Er zeigt immerhin den Kontrast zwischen einem blühenden Birnbaum und dem „rosanen Schnee" (Z. 42 f.).
Die Kinder, die von der Zerstörung nicht mehr erfahren mussten, bleiben innerlich unberührt. Aber sie spielen, ohne es zu wissen, mit dem Knochen der toten Katze, dem Zeichen des Todes. Der ungeschminkte, drastische Realismus der Erzählung wird getragen von einer kargen Sprache: einem parataktischen Satzbau, der mit Ellipsen, Anaphern und Wiederholungen die Intensität des Erzählens verdeutlicht. Farbmetaphern in unterschiedlicher Intensität („blutrot"/„rot"/„rosa") tragen ebenso wie die Personifizierungen zur eindrücklichen Wirkung des Textes bei. Die Betonung der kräftigen Farben (lila im „Manifest", Rottöne hier), die Reduktion des Sprachmaterials und die empathische Sprache verweisen auf die Autoren und Künstler des expressionistischen Jahrzehnts, die in ihren Werken ebenso eine emotional geprägte Farbigkeit verwendet haben. Kriegserfahrungen haben sie in gleicher Weise geprägt wie die Autoren der bundesdeutschen Nachkriegszeit.

Modul VI: Figuren charakterisieren

Intention	Menschen adäquat einschätzen zu können, spielt im realen Leben eine zentrale Rolle. In der Literatur ist das nicht anders. Für die verbale Kommunikation ist das Kommunikationsmodell von Friedemann Schulz von Thun ein gutes Hilfsmittel (vgl. Modul I). Für die nonverbale Kommunikation gibt es kein ähnliches Analysesystem. Hier sind die Interpreten darauf angewiesen, aus den Verhaltensweisen, der Gestik und Mimik Rückschlüsse auf die Interessen und Absichten der Individuen zu ziehen. In der Literatur können Gedanken und innere Monologe der Protagonisten helfen, Denkweisen, Einstellungen und Eigenschaften zu erschließen. Die Interpretation von Kurzgeschichten ist in besonderer Weise auf eine präzise Figurenanalyse angewiesen, weil die Texte kurz sind, Äußerungen häufig spärlich ausfallen. Es gibt zumeist auch keinen Erzähler, der das Erzählte kommentiert. Zudem behandeln die Texte eine zentrale Thematik, einen wesentlichen Einschnitt im Leben der Protagonisten. Das verlangt einen präzisen Blick auf die Persönlichkeit.
Zeitbedarf	1 Stunde (KV 18), 1 Stunde (KV 19), 1 Doppelstunde (KV 20)
Material	KV 18: Figuren und ihre Beziehungen beschreiben KV 19: Eine Kurzgeschichte produktiv erschließen *Nils Mohl: Tanzen gehen* KV 20: Figuren und ihre Beziehungen in einer Kurzgeschichte analysieren *Nils Mohl: Tanzen gehen*
Didaktische Hinweise	Zunächst sollen die Schülerinnen und Schüler durch die alleinige Nennung des Titels „Tanzen gehen" der Kurzgeschichte von Nils Mohl und einem Foto aus einem der Standard-Tanzfilme („Dirty Dancing", 1987) dazu animiert werden, sich mit dem Thema „Tanzen" und seinen Konnotationen zu befassen. Falls der Film nicht bekannt sein sollte, könnte nach anderen Tanzfilmen gefragt werden bzw. auf ihre eigenen Erfahrungen zurückgegriffen werden. Damit wird eine Erwartungshaltung aufgebaut, die dem Text der Kurzgeschichte zunächst widerspricht: Dieses Paar, das kaum noch miteinander kommuniziert, scheint nichts mit dem Bild des ekstatisch tanzenden jungen Paares aus dem Spielfilm gemein zu haben. Eine genaue Analyse der beiden Figuren, ihrer Selbstdarstellung und ihrer gegenseitigen verbalen und nonverbalen Kommunikation, lässt dieses Bild aber nuancierter erscheinen. Deutlich wird damit der Anspruch, gerade in den kurzen Texten einen präzisen Blick auf die Figuren und ihre Verhaltensweisen zu entwickeln.

Zielvorstellungen/ Kompetenzbeschreibungen	Die Schülerinnen und Schüler - analysieren und interpretieren eine Kurzgeschichte, indem sie Methoden der Figurencharakterisierung anwenden - äußern ihre Vorstellungen von der Bedeutung des Tanzens - können zielgerichtet Informationen aus Texten entnehmen - werden motiviert, selbstständig und eigenverantwortlich an ihrer Interpretations- und Schreibkompetenz zu arbeiten - entwickeln kreative Kompetenz, indem sie das Verhalten einer Figur mithilfe eines Tagebucheintrags reflektieren Schwerpunktlernziele: Die Schülerinnen und Schüler erwerben bzw. festigen folgende Kompetenzen. Sie - können Interessen hinterfragen - erkennen das Anliegen des männlichen Protagonisten, indem sie diese Figur schriftlich und gestalterisch interpretieren - üben, indirekte Charakterisierungen zu entdecken Teillernziele: Die Schülerinnen und Schüler erwerben bzw. festigen folgende Kompetenzen. Sie - können wesentliche sprachliche und formale Darstellungsmittel auf ihre Funktion hin untersuchen - können Texte zusammenfassen und interpretieren
Sozialform	Einzelarbeit/Gruppenarbeit/Unterrichtsgespräch
Methodisches Vorgehen/ Unterrichtsschritte	Die Schülerinnen und Schüler äußern sich zunächst spontan zu einem Foto. Sie werden damit aufgefordert, ihre eigenen Film- oder Tanzerfahrungen festzuhalten. Der Text von Nils Mohl ist dann Ausgangspunkt für eine produktive Texterschließung: Die Schülerinnen und Schüler sollen einen Tagebucheintrag aus der Sicht einer der beiden Protagonisten schreiben. Ziel ist es, sich besser in die Figuren hineinzuversetzen, um dadurch die beiden Figuren und ihre Beziehung zu deuten. Im Anschluss daran soll in Gruppenarbeit der männliche Protagonist im Text charakterisiert werden, einschließlich konkreter Textbelege.

Lösungen

Klett Stundenblätter → S. 32

Kopiervorlage 18

1 und 2 Vermutlich lassen die Schüleräußerungen erkennen, dass durch das Tanzen Menschen emotional belebt werden und sie die Freiheit erhalten, mit ihrer Körpersprache zu den anderen zu „reden". Der Tanz als eine der ursprünglichsten Kommunikations- und Ausdrucksformen wird als Synonym für Bewegungsvielfalt, Körperwahrnehmung, Vorstellungsfähigkeit und Gestaltungsvermögen dargestellt. Auch fördert man durch das Tanzen die Kreativität des Menschen. Durch den Tanz können soziale Kompetenzen erworben werden und zudem führt er zu einer Selbstpräsentation.
Der Mensch wird im Tanz in seinem körperlichen und auch in seinem emotionalen Dasein angesprochen.

Klett Stundenblätter → S. 33/34

Kopiervorlage 19

1 In „Tanzen gehen" wird der Leser als stiller Beobachter in die Wohnung eines mittelalten Ehepaars geworfen. Alwin, mit zahlreichen Narben am Körper, von deren Ursprung man nie erfahren wird, betrachtet sich immer wieder selbst im Spiegel - etwas, was er vor seiner Frau zu verheimlichen versucht. Seine Frau Ella liest mit Hingabe den Anzeigenteil der Zeitung: Todesanzeigen, Geburtsanzeigen und Hochzeitsanzeigen. Beide leben aneinander vorbei, aber sie finden an diesem Abend zueinander, indem sie in ihrer eigenen Wohnung tanzen.

2 Hier sind individuelle Lösungen zu erwarten.

Klett Stundenblätter → S. 35

Kopiervorlage 20

1

	Textstellen, die Auskunft geben über **Alwin**	**Ella**	**Merkmale/Charakterisierung der Beziehung**
Z. 1-50	selbstkritisch, besorgt über seine Gesundheit (Z. 11 ff.), will keine Unsicherheit erkennen lassen (Z. 18-20), unentschlossen (Z. 22), unschlüssig	reagiert nicht erwartungsgemäß, gibt ihm gewohnheitsmäßig den Sportteil der Zeitung (Z. 32)	älteres Ehepaar, Auseinanderentwicklung aufgrund der langen gemeinsamen Zeit/Verständnislosigkeit
Z. 50-88	sucht den Kontakt zu seiner Frau, nimmt Kontakt mit seinem früheren Ich auf (Foto, Z. 76 ff.)	reagiert verblüfft, ironisch auf Namensgebungen, interessiert sich für Unbekannte (Z. 36-48), versteht die Frage ihres Mannes nicht (Z. 58 ff.)	scheiternde Kontaktaufnahme, Aneinandervorbeireden/ Gefühlskitsch in Traueranzeigen vs. reales Auseinanderleben
Z. 88-126	fordert sie zum Tanzen auf (Z. 88 f.), nimmt seinen Vorschlag zurück (Z. 101 ff.), ist unsicher über Realisierungsmöglichkeiten und über den eigenen Vorschlag (Z. 106-109), macht alternative Offerte (Z. 113 f.), dreht sich zu Ella um, fordert sie auf, zu ihm zu kommen (Z. 121 ff.)	traurig/mitleidig (?) (Z. 93 f.), ironisch ungläubige Reaktion (Z. 96 f.), „seufzt" (Z. 104), wird animiert, macht einen eigenen Vorschlag, „lächelt" (Z. 115)	Versuch, an frühere Intensität anzuknüpfen, ein liebevoller Kern ist zu erkennen/ Reanimierung von Gefühlen ist möglich
Z. 126-172	fordert sie auf, traditionelle Tanzgestik und -haltung (Z. 126 f.), beide tanzen, keine verbale Kommunikation (Z. 132-138), körperliche Annäherung der beiden (Z. 139 ff.), unsicher (Z. 144), ist immer noch besorgt um seine Gesundheit (Z. 166-172)	reagiert amüsiert, geht auf seine Absicht ein (Z. 127 ff.), beide tanzen, keine verbale Kommunikation (Z. 132-138), körperliche Annäherung der beiden (Z. 139 ff.), bereitet Essen in der Küche vor (Z. 164 f.)	Tanzen als Möglichkeit körperlicher Kontaktaufnahme/ körperliche Nähe als Möglichkeit der Intensivierung verblasster Gefühle - aber: Gesundheit und Alter werden zur Gefahr

2 und 3 Alwin hat gesundheitliche Probleme nach einer Herzoperation. Darauf verweist seine Narbe auf der Brust. Er will seine Ängste aber nicht mit seiner Ehefrau Ella teilen, sondern zieht sich ins Badezimmer zurück. Er weiß nicht, was er mit seiner Zeit anfangen soll. Seine Ehefrau ist ihm fremd geworden, er kann mit ihrem Interesse an Hochzeits-, Geburts-, Todesanzeigen nichts anfangen. Beide führen eine eingespielte Ehe, sie haben wenig Kontakt zueinander, auch nicht zu anderen Menschen. Sie wissen nichts mit sich anzufangen, sind gefangen im Alltagstrott. Das Tanzen bringt sie einander näher.

Modul VII: Das Erzählverhalten untersuchen

Intention	Wer erzählt? Diese Grundfrage stellt sich ganz häufig überhaupt nicht, jedenfalls dann nicht, wenn die Autoren mit ihren Erzähltechniken souverän umgehen und ihr Konzept so kaschieren können, dass das Prinzip nicht offensichtlich wird. Man braucht einige Übung, das Erzählverhalten zu entdecken, da es meist nicht in Reinform vorkommt und man beim genussvollen Lesen überhaupt nicht darauf achtet. In diesem Modul sollen die Schülerinnen und Schüler zunächst die Grundformen des Erzählverhaltens verstehen und erkennen, dass ihre Setzung jeweils unterschiedliche Wirkungen zur Folge hat. Der Text von Martin Suter, der zentral in dieser Stunde interpretiert werden soll, lässt deutlich werden, wie sehr das Erzählverhalten variieren kann.
Zeitbedarf	1 Stunde (KV 21), 1 Doppelstunde (KV 22), 1 Stunde (KV 23)
Material	KV 21: Grundformen des Erzählverhaltens verstehen KV 22: Das Erzählverhalten untersuchen *Klett-Editionen, Texte, S. 56 f.: Martin Suter: Weidmanns Nachtgespräch* KV 23: Mit dem literarischen Wechselspiel des Erzählverhaltens/der Erzählperspektive umgehen *Marc-Uwe Kling: Perspektivische Verzerrungen*
Didaktische Hinweise	Hier geht es um einen zentralen Aspekt der literarischen Analyse. Der Autor wählt seinen Fokus und legt damit auch fest, welche Wirkung er bei seinen Lesern erreichen will: Empathie oder Antipathie für die Zentralfiguren, eine (oft nur scheinbare) Offenheit und Neutralität dem Geschehen gegenüber … In diesem Modul sollen die Grundkonstellationen des Erzählverhaltens vorgestellt werden. Die Texte von Martin Suter und Marc-Uwe Kling arbeiten mit wechselndem Erzählverhalten und sind daher besonders gut geeignet, die Schülerinnen und Schüler zu einer präzisen Analyse zu veranlassen. Der Kabarettist, Autor und Liedermacher Marc-Uwe Kling hat mit seinen „Känguru-Chroniken" lakonisch-witzige Kurztexte vorgelegt. Der hier abgedruckte Text spielt konsequent mit den Mustern des Erzählverhaltens – seine Schlusspointe lässt sich nahtlos in einen Arbeitsauftrag übernehmen.
Zielvorstellungen/ Kompetenzbeschreibungen	Kompetenzen: Die Schülerinnen und Schüler können - zielgerichtet Informationen aus Texten entnehmen - literarische Figuren erschließen Schwerpunktlernziele: Die Schülerinnen und Schüler können - die Bedeutung der Wahl des Erzählverhaltens für die Interpretation von literarischen Texten erkennen - eine Kurzgeschichte analysieren und interpretieren, indem sie die Erzählform, das Erzählverhalten, die Erzählperspektiven und ihre Wirkung anwenden - kreativ mit Erzählperspektiven und Erzählverhalten umgehen, indem sie eine Parallelgeschichte schreiben Teillernziele: Die Schülerinnen und Schüler können - sich in einem Interpretationsgespräch über einen Text verständigen - Texte zusammenfassen und interpretieren
Sozialform	Einzelarbeit/Gruppenarbeit/Unterrichtsgespräch

Methodisches Vorgehen/ Unterrichtsschritte

Zunächst sollen die Schülerinnen und Schüler die Grundformen der Erzählform, der Erzählperspektive und des Erzählverhaltens erarbeiten, die in dem Informationsblock vorgegeben werden. Das geschieht zunächst schematisch.

In einem zweiten Schritt sollen die Kennzeichen an vier kurzen Textabschnitten erkannt, beschrieben und auf ihre Wirkung hinterfragt werden. Damit ist ein Lernplateau erreicht, auf dem differenziert das Erzählverhalten von Martin Suter erarbeitet werden kann. Das soll in drei Gruppen mit je gleichem Arbeitsauftrag geschehen, um zu verhindern, dass die Schülerinnen und Schüler vor der puren Informationsmenge kapitulieren.

In einem weiteren Schritt sollen die Schülerinnen und Schüler selbst zu Autoren werden und versuchen, Erzähltechniken in einem eigenen Text zu gestalten. Zum Abschluss wird der Text von Marc-Uwe Kling (KV 23) bearbeitet, mit dessen Hilfe die bisherigen Erkenntnisse noch einmal zusammengefasst und erprobt werden können.

Lösungen

Klett Stundenblätter → S. 36/37

Kopiervorlage 21

1

	Darstellungsform	Wirkung
auktoriales Erzählverhalten	Bericht, Beschreibung, Kommentar, Wertung	Bewertung/Deutung des Geschehens, möglicherweise ironische Distanz, Vor- und Rückblenden möglich
personales Erzählverhalten	erlebte Rede, direkte/indirekte Rede, innerer Monolog	genauer Einblick in Denken und Fühlen der Person
neutrales Erzählverhalten	Bericht, Beschreibung, meist direkte Rede, Dialog	objektive Realitätswiedergabe

2 A: Auktoriales Erzählverhalten: Der Erzähler ist allwissend. Er kennt die Zukunft seiner Protagonisten, ihre Gefühlsregungen und die der Hochzeitsgäste. Der Erzähler kommentiert das Geschehen.

B: Personales Erzählverhalten: Die Leser erfahren viel über das Innenleben des Protagonisten: Er ist unsicher, weiß nicht, ob das, was er jetzt vorhat, auch richtig ist. Die Leser erleben das Geschehen ausschließlich mit seinen Augen.

C: Ich-Erzähler: Der Erzähler weiß nur, was er selbst erlebt oder beabsichtigt. Von allen anderen weiß er nur so viel, wie sie ihm offenbaren. Die subjektive Beschränkung ist Kennzeichen dieser Erzählform.

D: Neutrales Erzählverhalten: Der Erzähler bleibt im Hintergrund. Die Leser erhalten keinerlei Informationen über das Innenleben der Figuren. Bewertungen bleiben klischeehaft.

Klett Stundenblätter → S. 38

Kopiervorlage 22

1

Zeile	Erzählverhalten	Darstellungsform	Wirkung/Intention
1	neutrales Erzählverhalten	direkte Rede (ohne Anführungszeichen)	Plötzlicher Einbruch in die Situation, Motive der Frage bleiben offen/ männliche Dominanz wird vorgestellt.
2-3	neutrales Erzählverhalten	Bericht	Situation wird deutlich: Sie liest im Bett ein Buch/ sie liest über ein „leidenschaftliches Leben", das es in ihrem Bett nicht gibt.
3-5	personales Erzählverhalten	Innensicht	Sie fühlt sich gestört, kann sich der Frage aber nicht entziehen.
5	neutrales Erzählverhalten	direkte Rede	knappe Resonanz, ohne wirkliches Interesse
6	neutrales Erzählverhalten	direkte Frage	Fragewiederholung, ohne Fragezeichen (daher mehr Druck)/ verstärkte Dominanzattitüde
7-9	neutrales Erzählverhalten	Bericht	Positionsbeschreibung der beiden Figuren/ sie reagiert verhalten.
9-11	personales Erzählverhalten	Innensicht	Einschätzung der körperlichen Defizite ihres Mannes, will sich nicht positionieren/mit unausgesprochener Kritik.
12-13	neutrales Erzählverhalten	Dialog	3. Wiederholung seiner Frage (mit Fragezeichen)/leichte Verärgerung im Ton
14	neutrales Erzählverhalten	Bericht	Regula entscheidet sich, die Lektüre zu beenden.
15-17	neutrales Erzählverhalten	Dialog	Sie will wissen, warum er das fragt. Ihre Antwort deutet auf subjektive Einschätzung hin/Zurückhaltung: Sie lässt sich auf seine Frage nicht ein.
18-19	personales Erzählverhalten	Innensicht	Sie will ihr Buch lesen/geringes Interesse an ihrem Mann.
19-20	neutrales Erzählverhalten	direkte Rede	Er will sich nicht beschwichtigen lassen/ offensichtliches Interesse an ihrer Einschätzung.
21-23	neutrales Erzählverhalten	Dialog	Er besteht auf seiner Frage, sie will sich entziehen.
24	personales Erzählverhalten	Innensicht	Sie überlegt, wie sie reagieren kann.
25-28	neutrales Erzählverhalten	Dialog	Er reagiert gereizt, weil er keine Antwort erhält/er will, dass sie seine männliche Attraktivität bestätigt.
29-34	neutrales Erzählverhalten	Bericht Dialog	Das Thema wird konkretisiert; sie lässt sich ansatzweise darauf ein.
35-49	personales Erzählverhalten	Innensicht	Sie lässt sich jetzt erst auf ihn ein, hofft auf ein echtes Gespräch zwischen beiden. Ihre kritische Einstellung wird deutlich: gegenüber seinem Aussehen, der zunehmenden Distanz zwischen beiden, ihrer unterlegenen Rolle in den Geschäftsbeziehungen./Sie erkennt eine Möglichkeit, mit ihm ein echtes Gespräch über Beziehungsdefizite zu führen, ihm ihre Situation zu verdeutlichen und möglicherweise zu einer Veränderung zu gelangen. Seine Intention liegt völlig konträr zu ihrer: Er hat lediglich seine Karriere im Blick.
50-55	neutrales Erzählverhalten	Bericht Dialog	Sie nimmt vorsichtig den Gesprächsfaden auf.
55-56	neutrales Erzählverhalten	Bericht Dialog	Sie kehrt zurück zu ihrer Lektüre, greift seine Wortwahl auf - die ganz sicher nicht „ganz ehrlich" gemeint ist./Sie sieht ein, wie sehr sie ihn missverstanden hat. Die Lektüre schlägt das reale Leben.

Das neutrale Erzählverhalten erlaubt es dem Erzähler, völlig hinter das Geschehen zurückzutreten. Der Leser muss sich ein eigenes Bild von dem Geschehen machen. Die Wirkung hängt von Details in den Beschreibungen oder der Personenrede ab. Wenn die Perspektive wechselt, kann sich der Leser in die Gefühls- und Gedankenwelt der Protagonistin hineinversetzen. Er befindet sich ganz nahe bei ihr und wird ihrer immanenten Bewertung des Ehemannes zustimmen. Wahl und Wechsel der Erzählperspektive erhalten in der postmodernen Literatur eine besondere Bedeutung, erlauben sie doch ein ironisches Spiel mit der Lesererwartung. Sicher geglaubte Haltungen können so locker durchbrochen, die Leser irritiert werden.

2 Wenn Schülerinnen und Schüler die Sicht des männlichen Partners übernehmen, müsste ein kurzer Vortext - etwa als innerer Monolog - geschrieben werden, der auf seine Motive eingeht, das Gespräch zu suchen: Warum gerade heute Abend? Rechnet er mit einem wichtigen Termin morgen? …

Klett Stundenblätter → S. 39

Kopiervorlage 23

1 Das Eigenwillige ist zugleich das Markenzeichen von Marc-Uwe Klings Erzähltexten: Unterhaltungen am Kneipentisch mit einem sprechenden Känguru, das seinem Partner intellektuell in nichts nachsteht. In dieser Erzählung wird ein eminent literarisches Thema angesprochen und durchgespielt: der Wechsel der Erzählperspektive bzw. des Erzählverhaltens und seine Bedeutung.

2 Fachbegriffe sind: der „Ich-Erzähler" (Z. 15 f.), außerdem der „allwissende Erzähler" (Z. 27 f.) und seine Möglichkeiten, „allwissend, allmächtig" aufzutreten (Z. 49).

3 Im ersten Teil (Z. 1–18) ringen die beiden Figuren um die Dominanz des Erzählens, die durch die Wahl der Perspektive vorgegeben ist. Im zweiten Teil (Z. 22–24) wechselt der Ich-Erzähler von Marc-Uwe zum Känguru; im dritten Teil (Z. 29–36) wird das auktoriale Erzählverhalten angespielt. Im vierten Teil wechselt das Erzählverhalten kurz zurück (Z. 36 f.), bevor im fünften Teil (Z. 40–45) das auktoriale Erzählverhalten erneut eingenommen wird. Der sechste Teil (Z. 46–50) zeigt ein neutrales Erzählverhalten; der Text endet mit dem Ich-Erzähler Marc-Uwe (Z. 51–55). Ein neuer Erzähler steht bereits parat …

Der Text zeigt einen spielerischen Umgang des Erzählers mit dem Thema „Perspektivenwechsel". Marc-Uwe Kling zeigt dabei auch die unterschiedlichen Möglichkeiten des jeweiligen Erzählverhaltens: Die Deutungshoheit des auktorialen Erzählers, die subjektive Sicht der Ich-Erzähler, die objektive Sicht des neutralen Erzählers.

4 Diese Aufgabe bietet den Schülerinnen und Schülern alle Freiheiten, sich kreativ auf Erzählverhalten bzw. Erzählperspektiven einzulassen.

Modul VIII: Grundformen der Zeitgestaltung verstehen

Intention	Mit diesem Modul werden die erzähltechnischen Aspekte der Interpretation von Kurzprosatexten abgeschlossen. Die Möglichkeiten der Zeitgestaltung werden kurz referiert und erprobt.
Zeitbedarf	1 Stunde (KV 24), 1 Stunde (KV 25)
Material	KV 24: Möglichkeiten der Zeitgestaltung erkennen KV 25: Figurencharakterisierung, Erzählverhalten und Zeitgestaltung in einem Text deuten *Botho Strauß: Frau auf der Bettkante*
Didaktische Hinweise	Das Modul macht deutlich, welche Varianten der Zeitgestaltung den Autoren zur Verfügung stehen. Gezeigt wird auch, dass die Handlungsräume nicht zufällig gewählt sind, sondern wichtig für die Akzentuierung der Handlung und die Charakterisierung der Personen sind. Die Erkenntnisse von Modul VII hinsichtlich des Erzählverhaltens und der Darstellungsformen werden einbezogen und vertieft. Dies geschieht zunächst punktuell am Beispiel kurzer Textauszüge. Im Zentrum dieses Moduls steht der Text „Frau auf der Bettkante" von Botho Strauß. Hier lassen sich besonders sinnfällig die erzähltechnischen Mittel deutlich machen, die der Autor eingesetzt hat. Die Bearbeitung soll in das Schreiben einer zusammenfassenden Textuntersuchung münden, in der die Schülerinnen und Schüler zeigen, dass sie das Zusammenspiel der Erzählvarianten verstanden haben und zu einer überzeugenden Interpretation vernetzen können.

Zielvorstellungen/ Kompetenzbeschreibungen	Die Schülerinnen und Schüler können – Methoden der Zeitgestaltung in literarischen Texten bestimmen – diese Methoden beispielhaft auf Textauszüge anwenden – die Bedeutung von Zeitgestaltung mit dem Erzählverhalten und der Figurencharakterisierung verbinden – die einzelnen Elemente zu einer schlüssigen Deutung der Kurzgeschichte zusammenfassen
Sozialform	Einzelarbeit
Methodisches Vorgehen/ Unterrichtsschritte	Zunächst sollen die Schülerinnen und Schüler das Verhältnis zwischen erzählter Zeit und Erzählzeit erarbeiten, das in dem Informationsblock vorgegeben wird. Das geschieht zunächst schematisch. In einem zweiten Schritt sollen die Kennzeichen an drei kurzen Textabschnitten erkannt und beschrieben werden. Damit ist ein Lernplateau erreicht, auf dem differenziert die Textgestaltung in der Kurzgeschichte von Botho Strauß erarbeitet werden kann. Dabei sollen die Schülerinnen und Schüler zunächst ihren ersten Eindruck mitteilen. In einem zweiten Schritt fügen sie ihre Erkenntnisse zusammen, indem sie am Beispiel des Textes von Botho Strauß Zeitgestaltung, Erzählverhalten und Charakterisierungstechniken in einem zusammenhängenden Schema gestalten. Abschließend sollen sie diese Einzelergebnisse in einem eigenen Text zusammenführen.

Lösungen

Klett Stundenblätter → S. 40

Kopiervorlage 24

1 **A** Die Erzählzeit ist länger als die erzählte Zeit.
Wir sprechen also von Zeitdehnung.
B Die Erzählzeit ist kürzer als die erzählte Zeit.
Wir sprechen also von Zeitraffung.
C Die Erzählzeit ist genauso lang wie die erzählte Zeit.
Wir sprechen also von Zeitdeckung.

Klett Stundenblätter → S. 41

Kopiervorlage 25

1

	Erzählverhalten	Zeitgestaltung	Charakterisierung
Z. 1–5	neutrales Erzählverhalten (Erzählbericht)		„Frau" ohne Artikel eingeführt, deutet auf Anonymität, die Frau als Kategorie
Z. 6–15	personales Erzählverhalten, innerer Monolog, erlebte Rede, Bewusstseinsstrom	Zeitdehnung Erzählzeit ist länger als erzählte Zeit	indirekt durch ihre Gedanken: Streit mit der Partnerin hat ihn dazu veranlasst, abzureisen; sie schwankt „zwischen erbittertem Stolz und reumütigem Gewinsel" (Z. 18)
Z. 26–32	personales Erzählverhalten	Vorausdeutung („Was werde ich tun?")	zwischen selbstständigen Plänen, …
Z. 33–54	personales Erzählverhalten	Rückblende („Gestern noch war es gut zu ertragen.")	sentimentalen Erinnerungen und Wutausbrüchen
Z. 55–69	personales Erzählverhalten	Vorausdeutung („Vielleicht später eine Weile vor den Bildern sitzen …")	Unsicherheit: Auf einen Anruf von ihm warten, sich abhängig machen oder losziehen?
Z. 70–90	personales Erzählverhalten	Vorausdeutung („Er wird der Verlierer sein …")	Sie macht sich Mut, die gegenseitige Abhängigkeit bleibt.

2 Allein gelassen sitzt die „Frau auf der Bettkante". Ihr Partner hat sie heimlich und überraschend im Laufe der Nacht in ihrem Hotelzimmer verlassen. Sie muss sich dem Schock der Trennung stellen, ohne zu wissen, was sie ohne ihn in dieser fremden Stadt anfangen soll. Sie ist hin- und hergerissen zwischen Liebesschmerz und dem Wunsch, selbstständig zu werden.

Die Ausgangssituation dieser Kurzgeschichte wird bereits in der Überschrift charakterisiert: Es geht um eine anonymisierte „Frau", die sich entscheiden muss – der Sitz auf der „Bettkante" verweist auf die Übergangssituation.
Der 1. Abschnitt beschreibt ihre Lage; es ist früh am Morgen, sie ist „allein im gemeinsamen Hotelzimmer" (Z. 1 f.), er hat sie verlassen. Sie sitzt verkrampft auf dem Hotelbett („die Hände zwischen die Knie gepresst, den Kopf leicht angehoben, den Blick zur Seite gesenkt", Z. 3 f.) In dieser Position wird sie sich einer mehrfachen Fremdheit bewusst. Ihr Partner ist ihr fremd geworden, sie sitzt in einer fremden Stadt, deren Sprache sie nicht versteht. Der Handlungsort wird nicht verlassen, der Partner könnte ja anrufen. Hinweise auf Ausflüge durch Lissabon lassen lediglich die Handlungsalternativen deutlich werden, die sie sich in dieser Situation vorstellen kann. Ihr Gedankenstrom macht deutlich, wie sie versucht, Ordnung in ihren Zustand zu bringen, Alternativen durchzuspielen, um sich entscheiden zu können. Schließlich bleibt offen, ob sie tatsächlich zu einer Lösung findet. Der Satz „Ich bin ihn nicht los – er ist mich nicht los" (Z. 87 f.) deutet allerdings darauf hin, dass die Beziehung durch diesen Streit nicht beendet ist.